美国小学主流科学教材

【美】杰伊·哈克特 等著
张俊 邓小耶 等译
郝京华 审定

生态系统 4

Ecosystems

浙江教育出版社·杭州

本版特色

- 兼顾授受式学习内容和探究式调查活动。
- 采用5E（Engage参与，Explore探究，Explain解释，Extend/Elaborate拓展，Evaluate评估）研究型教学模式。
- 增加工程和设计流程的介绍。
- 培养21世纪技能，如创新创造能力、协作能力、沟通能力、批判性思维与解决问题的能力等。
- 用个性化的生动图像激发学生的学习兴趣。
- 根据知识深度等级体系（Depth of Knowledge，简称DOK）设计评价和测试。

注：原版书中，A单元、B单元表示该内容属于生命科学领域，C单元、D单元表示该内容属于地球与空间科学领域，E单元、F单元表示该内容属于物质科学领域。中文版对此予以保留。

Program Authors

Dr. Jay K. Hackett
Professor Emeritus of Earth Sciences
University of Northern Colorado
Greeley, CO

Dr. Richard H. Moyer
Professor of Science Education and Natural Sciences
University of Michigan-Dearborn
Dearborn, MI

Dr. JoAnne Vasquez
Elementary Science Education Consultant
NSTA Past President
Member, National Science Board and NASA Education Board

Mulugheta Teferi, M.A.
Principal, Gateway Middle School
Center of Math, Science, and Technology
St. Louis Public Schools
St. Louis, MO

Dinah Zike, M.Ed.
Dinah Might Adventures LP
San Antonio, TX

Kathryn LeRoy, M.S.
Chief Officer
Curriculum Services
Duval County Schools, FL

Dr. Dorothy J. T. Terman
Science Curriculum Development Consultant
Former K-12 Science and Mathematics Coordinator
Irvine Unified School District, CA
Irvine, CA

Dr. Gerald F. Wheeler
Executive Director
National Science Teachers Association

Bank Street College of Education
New York, NY

Contributing Authors

Dr. Sally Ride
Sally Ride Science
San Diego, CA

Lucille Villegas Barrera, M.Ed.
Elementary Science Supervisor
Houston Independent School District
Houston, TX

American Museum of Natural History
New York, NY

Contributing Writer

Ellen C. Grace, M.S.
Consultant
Albuquerque, NM

RFB&D learning through listening **Students with print disabilities may be eligible to obtain an accessible, audio version of the pupil edition of this textbook. Please call Recording for the Blind & Dyslexic at 1-800-221-4792 for complete information.**

connectED.mcgraw-hill.com

STEM McGraw-Hill is committed to providing instructional materials in Science, Technology, Engineering, and Mathematics (STEM) that give all students a solid foundation, one that prepares them for college and careers in the 21st century.

Send all inquiries to:
McGraw-Hill Education
8787 Orion Place
Columbus, OH 43240

ISBN: 978-0-02-135617-1
MHID: 0-02-135617-3

Printed in the United States of America.

7 8 9 10 11 12 QVS/QVS 22 21 20 19 18

Content Consultants

Paul R. Haberstroh, Ph.D.
Mohave Community College
Lake Havasu City, AZ

Timothy Long
School of Earth and Atmospheric Sciences
Georgia Institute of Technology
Atlanta, GA

Rick MacPherson, Ph.D.
Program Director
The Coral Reef Alliance
San Francisco, CA

Hector Córdova Mireles, Ph.D.
Physics Department
California State Polytechnic University
Pomona, CA

Charlotte A. Otto, Ph.D.
Department of Natural Sciences
University of Michigan-Dearborn
Dearborn, MI

Paul Zitzewitz, Ph.D.
Department of Natural Sciences
University of Michigan-Dearborn
Dearborn, MI

Editorial Advisory Board

American Museum of Natural History

The American Museum of Natural History in New York City is one of the world's preeminent scientific, educational, and cultural institutions, with a global mission to explore and interpret human cultures and the natural world through scientific research, education, and exhibitions. Each year the Museum welcomes around 4 million visitors, including 500,000 schoolchildren in organized field trips. It provides professional development activities for thousands of teachers; hundreds of public programs that serve audiences ranging from preschoolers to seniors; and an array of learning and teaching resources for use in homes, schools, and community-based settings. Visit www.amnh.org for online resources.

译　序

一部好教材欲保持其生命力的重要举措就是要不断地与时俱进，要随着社会的变迁、学术的进步不断地吐故纳新。浙江教育出版社引进出版的《科学启蒙(第二版)》就是这样的一部好教材。

比较这套教材的两个版本，不难发现，第一版显然依据的是1996年美国颁布的科学教育标准。1996年的科学教育标准有三个重要特点：(1)明确科学教育的目标是培养所有学生的科学素养（美国曾经有过把培养科学家作为科学教育培养目标的历史）；(2)强调要把科学本身的实际做法，即科学探究也作为科学教育的内容；(3)将科学课程的内容按“生命科学、物质科学、地球与空间科学”三个领域加以划分。第一版的《科学启蒙》较好地落实了课程标准的这些理念。

第二版依据的是美国2013年颁布的《新一代科学教育标准（NGSS）》。和1996年课程标准相比，2013年的标准有三个显著变化。(1)将科学探究扩充为“科学与工程实践”，明显强化了运用科学概念解决实际问题能力的培养。(2)强调科学大概念。标准提出了判断大概念的4个原则：①具有学科的意义，具有跨越多个学科领域的广泛的重要性，或者是本学科中组织相关知识的关键概念；②具有解释力，能解释许多现象；③具有生成性，能为理解和探究更多的概念和解决问题提供关键的工具，与社会、家庭相关；④能从幼儿园到高中螺旋上升。(3)强调了学科间的融合，不仅是科学、技术、工程、数学的融合，还有科学、语文、数学的融合。

第二版的《科学启蒙》教材真的是在与时俱进。首先，它在继续强调科学探究的同时，大大强化了工程设计部分，不仅在各领域各章节中增加了运用相关知识解决实际问题的机会，还在“做一名科学家”版块增添了有关工程设计的“聚焦技能”。第二，在强调科学大概念方面，教材不仅在各章节都有科学大概念的明确标示，还在各章结尾之处增加了科学概念和技能的测评。第三，在学科融合方面，教材不仅强化了科学阅读（包括文和图）和科学写作的指导，还强化了数学意识和能力的培养。

《科学启蒙》这套教材还有一个突出的亮点就是它精彩的图片。大量有视觉冲击力的照片和灵动的排版为教材增色不少，让人爱不释手。

它山之石，可以攻玉。中国正在进行着课程改革，也正在努力地缩短与发达国家在教育上的差距，引进国外好的教材不失为一种有效的捷径。不同的群体都可以从《科学启蒙》这套教材中获益。它为教材编写者提供了一个如何将内容与活动结合的范例，它给予科学教师教学活动设计的启迪，它为语文老师提供了如何指导学生科学阅读和科学写作的策略，就连出版社也可以从中获得科学教材排版方面的启示。除此，作为一套学生的科学阅读的材料，它也是一个不错的选择。

只有站在巨人的肩膀上我们才可以实现弯道超车，才可以追赶上发达国家，才可以实现伟大的中国梦！国家如此，科学教育亦然，让我们共同努力！

小学科学课程标准研制组组长、修订组副组长
南京师范大学教科院教授 郝京华

目 录

Contents

做一名科学家

B单元　生态系统

第2章
在生态系统中存活 ······ 58

探究活动

做一名科学家

第1章 探索生态系统

第2章 在生态系统中存活

做一名科学家

埃特纳火山是欧洲海拔最高的活火山。

AMERICAN MUSEUM OF NATURAL HISTORY

科学方法

看一看，想一想

印度尼西亚的岛屿上有许多活火山。地球内部发生了什么，才使得这些火山灰和气体直冲云霄？

弗朗西斯卡在野外研究火山。

吉姆在实验室里研究火山。

探究活动

你对火山了解多少？

- 为什么有些山是火山？
- 火山喷发时，会发生什么？
- 为什么有些火山比其他火山喷发得更剧烈？

科学家怎样寻找这些问题的答案？

吉姆·韦伯斯特和弗朗西斯卡·辛托尼都是地质学家。他们在纽约的美国自然历史博物馆工作。地质学家是研究地球内部和外部活动的科学家。吉姆和弗朗西斯卡对火山充满了好奇，他们想要更深入地了解火山喷发的原因。

科学家会怎么做?

意大利的那不勒斯市有一百多万居民。这座城市时刻处在一座名叫维苏威活火山的阴影下。在过去的 2000 年中，这座火山喷发了很多次。住在意大利的弗朗西斯卡说：“它非常危险。”目前，她正在研究维苏威火山。

科学方法

吉姆和弗朗西斯卡想要了解引起像维苏威这样的火山喷发的原因是什么。为了找到答案，他们使用了科学方法。**科学方法（scientific method）**是科学家用来回答问题的一系列步骤和方法。这种方法帮助他们解释自然世界中的各种现象。科学家会按照科学方法建议的步骤进行研究。不过，对于特定研究，并不是每一个步骤都是必须的。

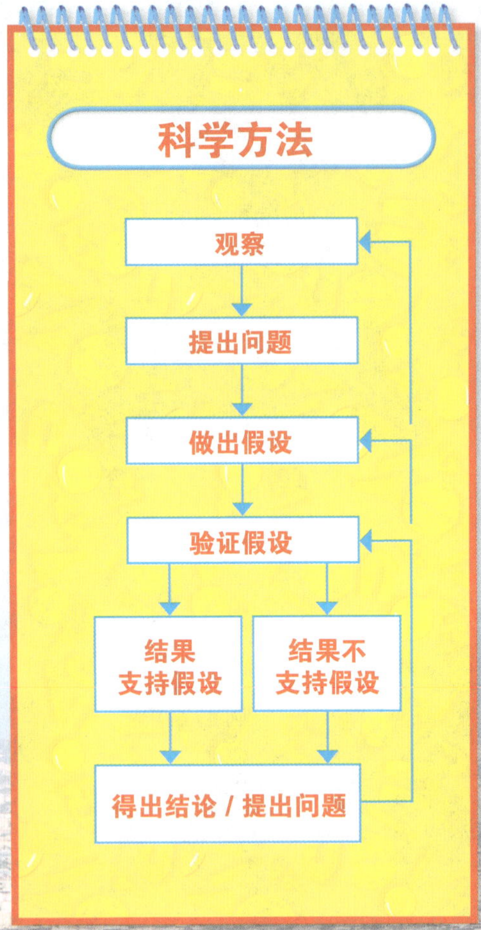

你可以在意大利那不勒斯市看到维苏威火山。它上一次喷发是在 1944 年。

提出问题

火山内部充满了熔融的岩石，即***岩浆***。岩浆一般存在于地下深处。有时岩浆中会存在气体，如水蒸气、氯气等。

岩浆从火山喷发出来后，就会形成熔岩。许多熔岩表面遍布小孔，这些小孔曾经是炽热岩浆中的气泡。

吉姆和弗朗西斯卡提出了问题：为什么有些火山比其他火山喷发得更剧烈？他们已经知道，水蒸气会影响火山喷发的剧烈程度。根据他们所掌握的知识，吉姆和弗朗西斯卡做出预测：某些其他物质也会影响火山喷发的剧烈程度。他们想测试的一个变量是氯气。**变量（variable）**是指在实验过程中可以被改变的要素。

做出假设

1. 提出多个“为什么”的问题。
2. 寻找重要变量之间的联系。
3. 对这些联系提出可能的解释。

▶ **确保这些解释能够被检验。**

做出假设

吉姆和弗朗西斯卡提出了一种假设。**假设（hypothesis）**是一种能被检验的，可以回答某个问题的表述。他们做出假设：如果岩浆中含有氯气，那么火山就会喷发得更剧烈。

弗朗西斯卡和吉姆想知道火山喷发如此剧烈的原因。

科学家如何验证他们的假设？

吉姆和弗朗西斯卡能在活火山中做实验吗？当然不能！但是，他们可以在实验室中做模拟实验。吉姆的实验室里有一台仪器，它能模拟火山深处的热量和压强。“我们正在尝试模拟地壳深处的温度和压强。”吉姆解释道。

选择实验方案

为了验证他们的假设，吉姆和弗朗西斯卡需要收集证据。他们决定做一系列实验。**实验（experiment）**是一种可以用来支持或推翻假设的科学检验。他俩设计了一系列实验来测试氯气对火山喷发的影响。

撰写实验计划

吉姆和弗朗西斯卡清晰地写下了他们设计的实验步骤。这样一来，不仅他们自己，其他人也可以重复他们的实验。为什么要这么做呢？因为好的实验可以多次重复。每次重复的结果越相似，这个实验提供的证据就越有力。

他们计划将定量的氯气加入火成岩样本中。氯气是这个实验中唯一的变量。在实验中可以人为控制变化的变量称为**自变量**。大多数实验一次只测试一个自变量。

一个好的实验也需要**控制变量**。在这个实验中，科学家计划控制每个样本的质量，环境中的压强和温度都相同。他们又是怎么知道氯气是否对火山喷发的剧烈程度产生影响了呢？他们认为岩石上小孔的数量能反映火山喷发的剧烈程度，因而记录了这些小孔的数量。这些小孔的数量就是本实验中的因变量。

这块火成岩上的这些小孔曾经是岩浆内部的气泡。

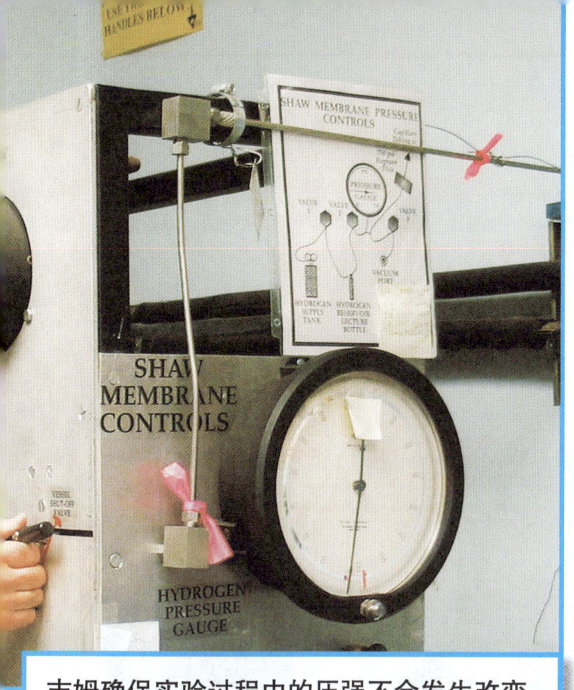

吉姆确保实验过程中的压强不会发生改变。

验证假设

1. 仔细思考可以用来验证假设的不同数据。
2. 选择最有效的方法来收集数据。
   - **操作实验**（在实验室里）
   - **观察真实环境**（在野外）
   - **建立和使用模型**（在电脑上）
3. 设计实验步骤，收集数据。

▶ **确保设计的步骤可以被其他人重复。**

收集数据

吉姆和弗朗西斯卡按照设计的实验方案，把碎石和水倒入多个小金属容器中，再加入不同数量的氯气，其中一个容器不加氯气。

弗朗西斯卡将这些密封的容器放进一个坚固的钢瓶里，然后使钢瓶内部升温并加压。实验时，钢瓶内部的温度比烤比萨的烤箱温度还要高 10 倍左右！

实验一周后，冷却钢瓶并将它打开。吉姆和弗朗西斯卡打开小容器，取出冷却的岩石并将其放在显微镜下观察，数清小孔的数量后再将数据记录下来。最后，他们按完全相同的步骤进行了重复实验，确保实验数据科学、可靠。

岩石粉碎成小颗粒。

科学家如何分析数据？

吉姆和弗朗西斯卡收集数据时，会很仔细地记录下他们所观察到的现象。他们观察不同氯气含量的容器中每块冷却的岩石，记录下这些岩石的小孔数量，然后以合理的方式整理所有数据。

▼助理实验员用电子显微镜观察每个样本。

比较样本

样本 1

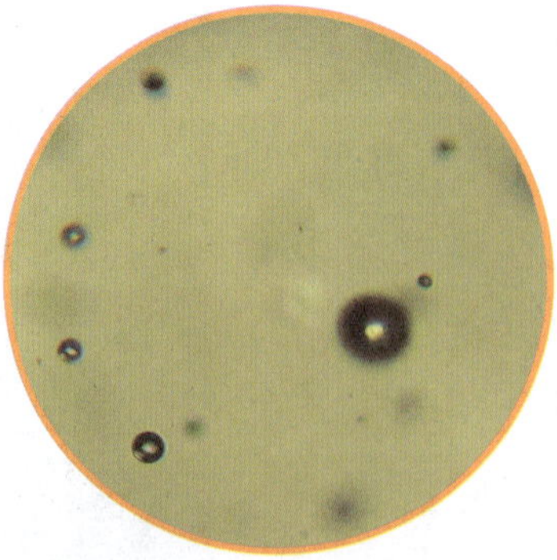
样本 2

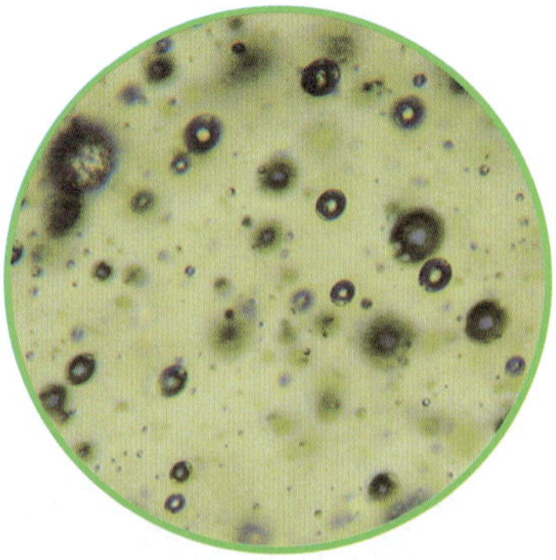
样本 3

数据表格

次数	温度	压强	氯气	气泡
1	920℃	200 MPa	0%	没有
2	920℃	200 MPa	0.8%	有一些
3	920℃	200 MPa	0.9%	很多

寻找规律

上面的表格呈现了吉姆和弗朗西斯卡的部分研究结果。总的来说，他们大约做了 50 次实验，每次实验都用了大约一周的时间。也就是说，他们花了快一年的时间来收集数据！

吉姆和弗朗西斯卡整理完所有的数据之后，开始寻找规律。这些数据反映了什么信息？样本中含有的氯气越多，冷却后的岩石上就有更多的小孔，而没有加氯气的对照岩石样本上，竟然一个小孔也没有。

分析数据

1. 将数据整理成表格、曲线图、地图等形式。
2. 寻找数据中所反映出来的假设中的几个重要变量间的关系。

▶ **通过将数据与其他来源的数据进行比较，来检查数据的可靠性。**

检查错误

在进行实验的过程中，吉姆和弗朗西斯卡检查了他们所有的步骤，确定实验过程的正确性。如果发现实验步骤有一点错误，那么他们就不能用此次实验得到的数据。错误意味着他们必须再次重复实验。

科学家如何得出结论？

现在，吉姆和弗朗西斯卡必须确定实验数据是否支持他们的假设。他们将实验结果与维苏威火山和其他火山喷发形成的喷出岩作比较。通过比较，他们可以得出结论。

岩浆里含有更多的氯气会导致火山更剧烈地喷发吗？“是的，会！”弗朗西斯卡给出了肯定的答案。

实验结果并不是每次都能支持待验证的假设的，这也许不算什么坏事。科学家在假设不被支持时，会寻找原因，他们还会用不同的方法进行新的实验，从而来验证假设。

有时候科学家会得出假设不正确的结论。这时，他们会提出新的假设，然后按照科学方法的步骤再次进行验证。

美国阿拉斯加的圣奥古斯丁火山

浮石是火山喷发后形成的一种岩石。

交流

吉姆和弗朗西斯卡会报告并分享他们的结论。这样一来，其他科学家就可以做同样的实验，并将他们的结果与前人的研究进行比较。许多科学家会分享他们的实验结果，以便其他人可以在他们研究的基础上做进一步探究。

提出新问题

一位科学家的实验结果可能会引出新的问题。吉姆想知道：氯气是否影响所有火山的喷发程度？还有什么气体也会影响火山喷发的剧烈程度？火山喷发时还会发生什么？

现在，吉姆在美国阿拉斯加研究圣奥古斯丁火山。和维苏威火山一样，圣奥古斯丁火山也是一座活火山，它在美国阿拉斯加库克湾形成了一个火山岛。

得出结论

1. 判断数据能否明确地支持假设。
2. 如果结果不够明确，重新考虑一下实验步骤。
3. 把结果写下来与他人分享。

▶ **确保能提出新问题。**

想一想，说一说，写一写

1. 为什么科学方法对科学家来说很有用？
2. 你还能想到其他哪些关于火山的问题？选择其中一个，做出一个可以被验证的假设。
3. 如果科学家收集的数据推翻了他们的假设，他们应该怎么做？

吉姆和其他科学家一起访问圣奥古斯丁火山，并开展了新的观测。

科学技能

▲ 从这张照片中，你能观察到松鼠的哪些特点？

科学家在运用科学方法的过程中，会用到许多探究技能。探究技能可以帮助科学家收集信息，并回答关于周围世界的问题。下面列举了所有科学家都会用到的一些重要探究技能：

观察 运用感官去认识物体或事件。

做出假设 为回答某个问题提出一个可以被检验的说法。

交流 与他人分享信息。

分类 将具有相似属性的事物分为一组。

处理数据 运用排序、计数、加、减、乘、除等数学方法来处理数据。

建立模型 用一个模型来表示某个事物或现象。

科学家会在开始实验前做出假设。

盒子 A	
预测	
天	观察结果
1	
2	
7	
10	

◀制作数据表是一种整理信息的好方法。

使用变量 找出可以控制或改变实验结果的某些条件。

解释数据 用收集到的信息来回答问题或解决问题。

测量 获知事物的大小、距离、时间、体积、面积、质量或温度等特性。

预测 预先推测事件或实验的可能结果。

推理 根据事实或者观察到的现象提出符合逻辑的观点。

实验 为验证假设进行一系列活动或操作。

探究技能培养

在本书的每个章节中，你会看到一个“技能训练”专栏。这些专栏可以帮你练习科学家所需要的技能。

实验中，使用变量对科学家来说很重要。▶

聚焦技能

科学和技术：设计过程

工程师遇到问题时，一定会设计一个解决方案。有时候，工程师会选择提出一种全新的解决方案；有时候，他们只需要改进现有的设计。

▶ 学习

你会怎样设计一座桥？使用**设计过程（design process）**可以帮助你设计出解决方案。

1. **确定并描述问题**

   要想解决问题，必须先理解问题。比如，建桥前需要思考你理想中的桥横跨的距离有多长，它能承重多少。

2. **提出解决方案**

   你提出的解决方案应该考虑到现实中的各种信息，比如，需要考虑已有的材料，以及你有多少时间可以来解决这个问题。

3. **建立模型**

   模型是一种小型或实际尺寸的物体复制品。建筑师和工程师常用模型来测试他们的设计。

4. **测试并修改设计方案**

   评价一项设计方案，需要解答以下问题：

   • 它起作用了吗？

   • 它还有哪些地方需要改进？

5. **解释方案**

   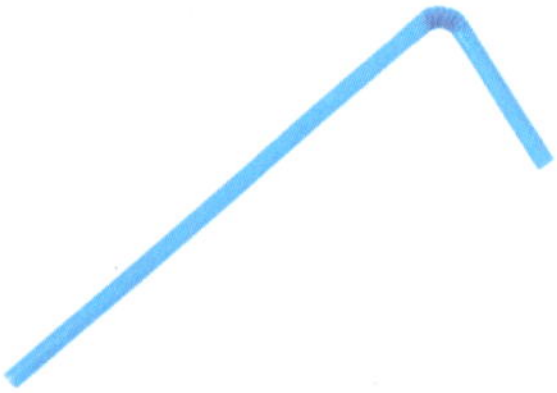

   最后，与其他人交流你是怎样解决问题或为什么你的方案不起作用。大多数设计刚开始并不完美。在小组讨论时，以图片、表格等形式展示你的设计，请别人帮助你进一步完善解决方案。

尝试

材料 胶带、吸管、回形针、彩色卡纸、橡皮筋、硬币、塑料杯。

1. 根据前面的**设计过程**，利用教室中常见的材料搭建一座桥。你的桥梁可以搭在两张书桌之间，也可以搭在两摞书之间。请保证书或者课桌之间的距离大约是 0.5 米。这座桥必须能支撑起一个装有 20 枚硬币的塑料杯。
2. 在搭桥之前，请先画一幅图来说明这座桥的样子。给这张图起个名字，并列出需要用到的材料。
3. 建造你的桥。
4. 测试你的设计。它能否支撑起一个装有 20 枚硬币的塑料杯？
5. 如果这座桥不能支撑这个塑料杯，请改进你的设计方案，然后再试一次。
6. 向全班同学分享你的解决方案。

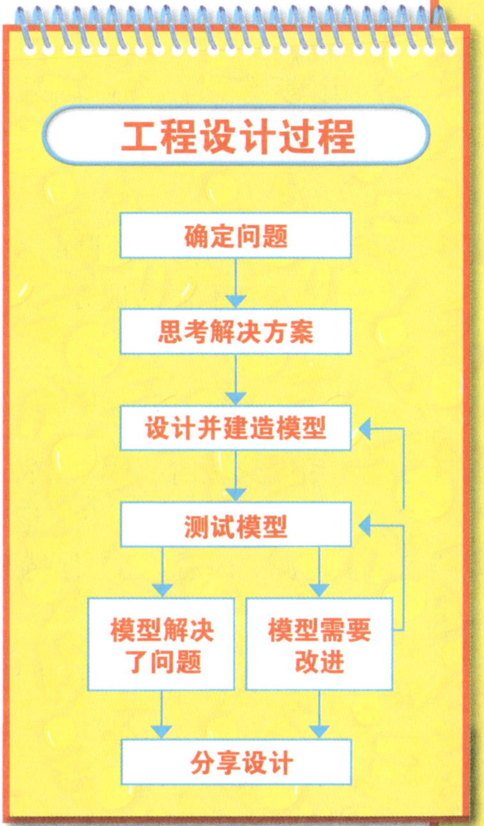

交流是设计过程的最后一个步骤。

应用

1. 你可以继续改进这座桥，使它能支撑起一个装有 40 枚硬币的塑料杯吗？
2. 比较你和其他同学在实验中遇到的问题，你们是否遇到了相同的问题？
3. 在你设计一座真正的桥时，为什么建立模型这个步骤很重要？
4. 在这个实验里，你是如何用设计过程来解决问题的？
5. 研究很久以前建造的桥，了解桥梁设计是如何随着时间而改变的，以及桥梁是如何改善人类生活的。

安全提示

室内

- 阅读所有操作指南，确保你已经完全理解。看见"⚠小心！"标志时，务必要谨慎。
- 请认真听从老师强调的安全守则。如果你有不懂的地方，应及时向老师寻求帮助。
- 活动开始前，用肥皂洗手。

- 使用电热板时要小心，特别要注意它的开关状态。记住，电热板电源关闭后，还会保持数分钟的热度。
- 如果你在做实验时需要使用一些脏乱或容易溅出的材料，请记得穿上实验服。
- 如果有液体不慎溅出，请立刻清理或寻求老师的帮助。

- 请按照老师的要求处理废弃物。
- 如果有器材损坏，应该立即报告老师。如果打碎了玻璃制品，不要自行清理，应报告老师，获取帮助。
- 根据老师的要求戴上护目镜。实验操作时，可能会用到一些固体或液体，为防止它们飞溅到眼睛里，请一定要戴上护目镜。

- 把头发绑好，把袖子挽起来，确保你的头发和衣服远离明火。
- 使用电器设备时，要确保手是干燥的。
- 实验过程中禁止饮食。
- 请按照老师的要求，把实验器材和设备放回原处。
- 活动结束后，将实验场所清理干净并用肥皂洗手。

室外

- 户外活动时找一位可信任的成年人陪同，可以是老师、父母或其他监护人。
- 没有得到成人的允许，请不要随意触摸动植物。因为有些动物可能会咬人，有些植物可能有毒。

责任　请注意尊重生命、爱护环境和你的同伴。

生态系统

有些鱼类能跃出水面觅食。

实践：设计解决方案

▲北极燕鸥迁徙时的飞行距离比其他任何鸟类都要远，大约 40000 千米！

研究鸟类的科学家被称为鸟类学家。鸟类学家观察鸟类的各方面：它们住在哪里，吃什么，发出什么样的声音，以什么样的方式飞行，等等。鸟类学家会经常参加会议，相互交流他们所了解的信息。分享知识是促进问题解决的重要途径。

▶ 学习

纵观历史，人们观察鸟类，渴望飞行。飞机设计师根据对鸟类飞行方式的了解，设计出不同类型的飞机。通过研究鸟类，他们注意到了鸟类翅膀的各种形状和大小，这些差异导致鸟类的飞行方式各不相同。鸟类的飞行方式包括滑翔、翱翔和鼓翼等。有些鸟类会使用多种飞行方式。

滑翔

鼓翼

翱翔

▶ 设计

你的“鸟类学家工程师”团队将用纸来设计和建造一架“飞鸟”(纸飞机)。

你的团队可以从以下两种模型中任选其一进行设计。

1. 直线、快速、远距离飞行的模型。
2. 缓慢翱翔或滑翔的模型。

请你的团队以小组的形式，讨论这些飞机的形状。把你的想法记录下来。确保以下几点:

1. 陈述问题;
2. 提出解决方案;
3. 确定所需材料;
4. 提供一张说明解决方案的图纸。

▶ 尝试

用一张纸和其他材料搭建模型。检验模型并记录观察结果。

▶ 应用

现在，试飞你的飞机，向全班同学展示你的作品。在展示结束后，和你的团队一起讨论你们学到的知识。你会怎样修改你的设计方案?

第1章

探索生态系统

大概念

动植物生活在哪里？它们如何相互依赖？

基本问题

第1课

生态系统的各部分是如何相互作用的？

第2课

如何比较生态系统？

第3课

生物如何获得能量？

南极毛皮海狮

核心词汇

生态系统　同一环境中的生物和非生物构成的统一整体。

栖息地　生物在生态系统中生活的地方。

生物群系　地球上具有独特类型的植物、动物和土壤的大型生态系统。

落叶林　由许多种每年都会落叶的树木组成的森林生物群系。

生产者　能利用简单的无机物合成有机物的自养生物，如植物。

能量金字塔　表示生态系统中的能量传递规律。

第1课

生态系统的介绍

看一看，想一想

环境中包含了生物和非生物。图片中展示的这个环境中有哪些生物和非生物？

探究活动

你能在环境中找到什么？

做出预测

在你生活的村庄或小区内可以找到哪些生物和非生物？请你做出预测。

材 料

- 卷尺
- 4 个晒衣夹
- 毛线球
- 放大镜

检验预测

1. **测量** 在草地上标记出一个约 1 平方米的正方形，在正方形的每个角上固定一个夹子。在四个夹子的顶端绕一圈毛线作为边界。
2. **观察** 使用放大镜观察正方形内的生物和非生物。
3. 做一个数据表来记录你看到的现象。注明观察到的物体是生物还是非生物。
4. **交流** 与同学分享你的发现，比较你们观察到的环境中的情况。

步骤 1

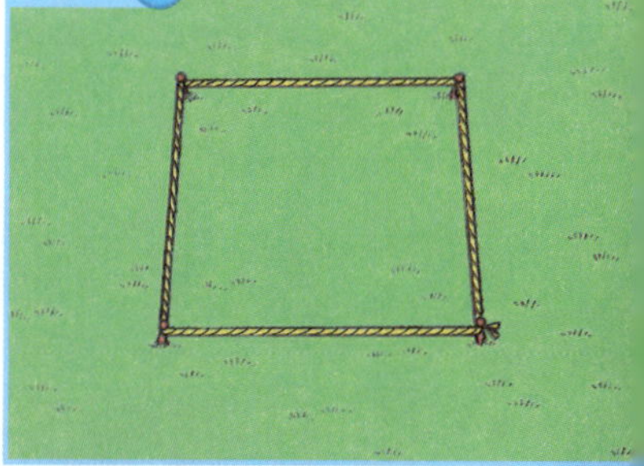

得出结论

5. **分类** 你生活的村庄或小区内有多少种不同的生物和非生物？你看到更多的是生物还是非生物？
6. 你的数据是否与你的预测相符？
7. 你的数据和你同学的数据有什么不同之处和相同之处？

进一步探究

如果在同一草地上另选一个 1 平方米的区域进行观察，你会看到同样的结果吗？试一试。比对和对比你的观察结果，将其他同学的观察结果也纳入比对和对比的范围。

读一读，学一学

基本问题

生态系统的各部分是如何相互作用的？

词汇

生物因素
非生物因素
生态系统
栖息地
种群
群落

阅读技能

事实和观点

事实	观点

什么是生态系统？

你的周围有什么人或物体？你可能会看到你的同学或老师，身旁也许会有书或一张桌子。你的教室中包含生物和非生物。

科学家将环境中的生物称作**生物因素（biotic factor）**。植物、动物和细菌都是生物因素。

非生物因素（abiotic factor）是环境中的非生物，主要包括水、土壤和阳光。气候也是一个非生物因素。有关生物因素和非生物因素如何相互作用的研究被称为**生态学**。

池塘生态系统

环境中的生物和非生物在**生态系统（ecosystem）**中相互作用。生态系统可以很小，比如，一根原木；生态系统也可以很大，比如，一片森林。

生态系统中所有的生物都依赖非生物生存。例如，青蛙依靠池塘里的水来产卵。生物也会依赖其他生物，比如，青蛙在荷叶上休息，它捕食昆虫。

生物在生态系统中生活的地方是它的**栖息地（habitat）**。不同的生态系统有不同类型的栖息地。森林生态系统中有倒下的枯木和生长的树木。枯木为蜘蛛和蘑菇提供了栖息地，树木为鸟类和松鼠提供了栖息地。

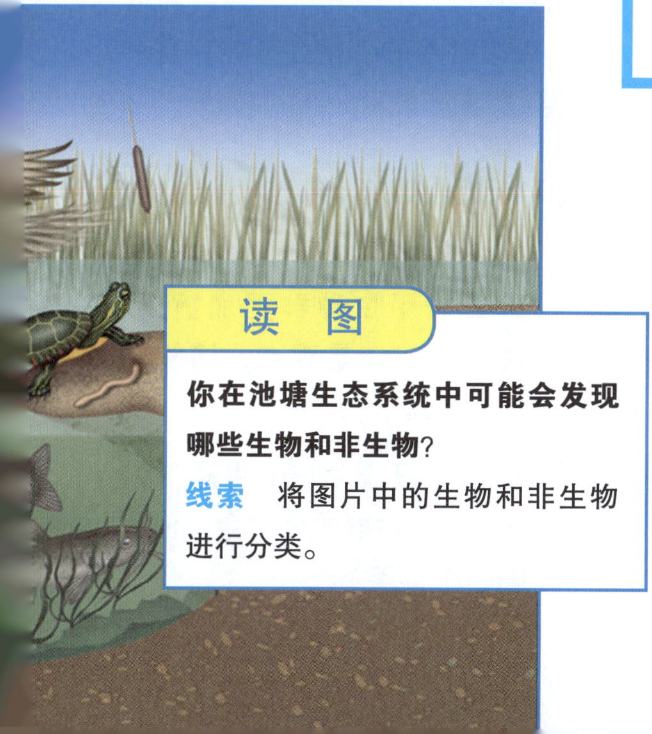

读图

你在池塘生态系统中可能会发现哪些生物和非生物？

线索 将图片中的生物和非生物进行分类。

迷你实验

有光和无光

1. 找两盆大小相似的同种植物，给其中一盆贴上“无光”的标签，另一盆贴上“有光”的标签。
2. **使用变量** 将贴有“有光”标签的植物放在阳光下，将另一盆植物放在黑暗或避光的地方。
3. 给两盆植物浇等量的水，使它们的土壤保持湿润。
4. 观察两盆植物，每天一次，连续两周。在数据表中记录你的观察结果。
5. **解释数据** 你调查了哪个变量？观察两盆植物的生长情况，你能得出什么结论？请解释你的结论。

快速检测

事实和观点 森林生态系统比池塘生态系统更有趣。这一说法是事实还是观点？请解释你的看法。

批判性思维 你所依赖的生物和非生物因素有哪些？

读 图

哪种种群在这两种生态系统中都存在?

线索 尝试说出照片中出现的动植物名称。

什么是种群和群落?

和所有的栖息地一样，池塘是许多不同种类生物的家园，而每一种生物属于不同的物种。**种群(population)**是指生活在同一生态系统中某一物种的所有成员。例如，池塘里所有的牛蛙构成了一个种群，所有睡莲则是另一个种群。

同一生态系统中所有的种群构成一个**群落(community)**。一个池塘群落可能包含牛蛙种群、鲫鱼种群、睡莲种群和蜻蜓种群。群落的规模取决于食物、栖息地和光照等因素。温暖、潮湿的生态系统中的群落规模往往大于寒冷或干燥地区的群落规模。

研究生态系统

当科学家想了解一个生态系统时，他们会关注其中的种群和群落。一个种群的变化会影响到整个群落，反之亦然。

快速检测

事实和观点 池塘中的藻类种群比甲虫种群更加重要。这是事实还是观点?请解释你的看法。

批判性思维 一个生态系统中，某一种群的变化会如何影响整个群落?

课后回顾

摘要

一个生态系统包括生物因素和非生物因素。

生态系统中的每一种生物都有其各自的栖息地。

一个生态系统中的所有种群构成一个群落。

制作 折叠式学习卡

制作折叠式学习卡，来总结本课关于生态系统的内容。

想一想，说一说，写一写

1. **词汇** 种群和群落有什么区别？
2. **事实和观点** 哪怕是一块岩石下面，也可能存在一整个生态系统。这一说法是事实还是观点？请解释。

事实	观点

3. **批判性思维** 光照和温度如何影响一个生态系统供养生命的能力？
4. **测试** 下列选项中，都是非生物因素的是________。
   A 雪、风、雨
   B 空气、细菌、温度
   C 植物、鸟类、昆虫
   D 雨、风、花
5. **测试** 一个生态系统中的所有种群构成了一个________。
   A 栖息地　　B 非生物因素
   C 群落　　D 池塘
6. **基本问题** 生态系统的各部分是如何相互作用的？

数学链接

解方程

1头大象每天要吃70千克食物。请问：9头大象一天总共要吃多少食物？

艺术链接

绘制生态系统

绘制你最喜欢的生态系统，包括你能想到的所有生物及非生物因素。在图上标明不同的因素。

聚焦技能

探究技能：预测

科学家利用他们对某一事物的了解来设计实验方案。植物依赖空气、土壤、光照和水生存。了解这些信息后，你可以调查研究一些植物及其需求。你可以预测实验中可能会发生的情况。

学习

当你预测时，你会陈述实验的可能结果，你的陈述是以已知的信息为基础的。首先，做出预测。其次，进行实验。最后，分析实验结果以确定你的预测是否正确。

尝试

你预测一下，种子在受污染的土壤中的生长情况会怎样？用你所了解的有关植物和生态系统的知识来做出预测。然后进行实验，检验你的预测是否正确。

材 料 2个牛奶盒，量杯，土壤，豆子，水，护目镜，量筒，醋，红色食用色素

1. 将一个牛奶盒标记为A，另一个标记为B。在每个牛奶盒里倒入一些土壤，再将5粒豆子分别放入两盒内土壤表面以下。给土壤浇水直至湿润。
2. △ **小心！** 戴好护目镜，用量杯量取80毫升醋，在醋中加入5滴红色食用色素。将混合后的液体小心地倒入B盒。

3 把两个牛奶盒都放在阳光明媚的窗台上。每 2 ～ 3 天在每个盒中添加等量的水。1 天后、2 天后、7 天后、10 天后分别观察两个牛奶盒中的变化。将你的观察结果填在如下所示的表格里。

A盒	
预测	
天数	观察结果
1	
2	
7	
10	

B盒	
预测	
天数	观察结果
1	
2	
7	
10	

4 哪个盒里的种子生长得更好？将你的结果与预测进行比较。你的预测正确吗？

5 B 盒模拟了受污染的土壤条件。用勺子把 B 盒里的土壤挖出来，你还能看到食用色素的痕迹吗？这让你对污染有了怎样的了解？

▶ 应用

鉴于你已经学会了像科学家一样思考，请做出另一个预测：怎样预测不同的水量对植物生长的影响？设计一个实验来检验你的预测是否正确。

第2课

生物群系

美国缅因州　阿卡迪亚国家公园

看一看，想一想

美国阿卡迪亚国家公园有 11 种两栖动物、40 种哺乳动物以及 270 多种鸟类。它们都生活在森林里吗？为什么不同的生物居住在不同的地方？

探究活动

照射到森林地面的阳光有多少？

活动目的

模拟阳光对生长在森林地面上植物的影响。

活动步骤

1. 用纸制作一些纸树。记住，树木需要许多叶子来制造有机物。
2. **建立模型** 和你的同学一起，把所有的树都垂直贴在一块纸板上。这相当于一片森林的模型。
3. 将台灯放在森林模型上方，打开台灯。标记纸板上光照很少和没有光照的地方。

得出结论

4. **解释数据** 你会怎样描述照射到森林地面的光？
5. **推理** 哪些种类的植物生长在森林地面上？你能举出一些例子吗？

进一步探究

还有什么其他因素影响植物在森林地面上的生长？做一些研究并报告你的发现。

材料

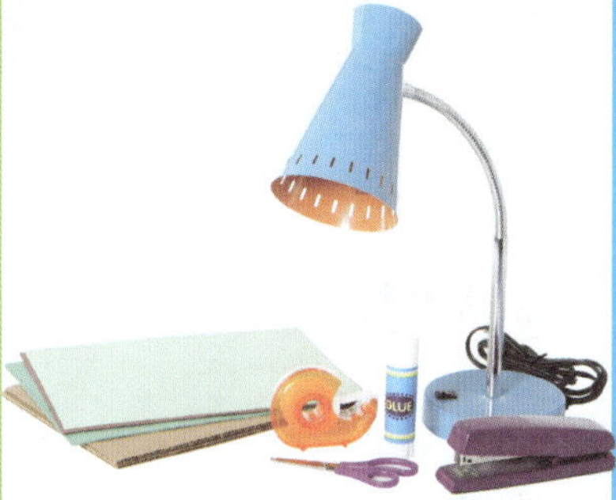

- 卷尺
- 彩色美术纸
- 剪刀
- 大纸板
- 胶带
- 固体胶
- 订书机
- 台灯

步骤 1

读一读，学一学

基本问题

如何比较生态系统?

词汇

生物群系

草原

落叶林

热带雨林

沙漠

泰加林

冻原

阅读技能

总结

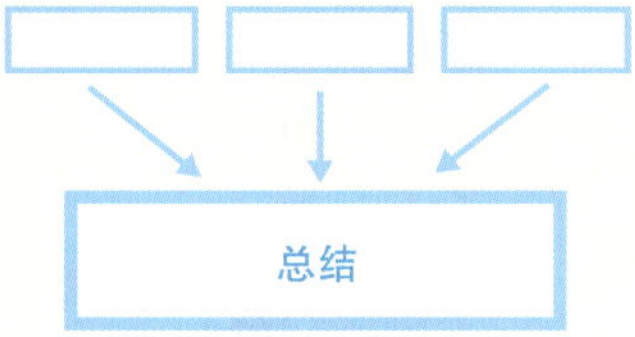

什么是生物群系?

假设你正处于世界上一个陌生的地方，你四处寻找线索以判断身处何处。目光所及，只能看到特定的生态系统特征，比如，漫天的黄沙。

这是哪儿? 你很有可能正处于沙漠生物群系之中。**生物群系（biome）**是一种具有独特类型的植物、动物和土壤的大型生态系统。它还有独特的温度和降雨模式。有些生物群系规模庞大，甚至可以横跨整个大陆!

世界上的生物群系

泰加林

热带雨林

草原

主要的生物群系

观察相关图片，你注意到图中不同的景色了吗？你看到的这些景色代表世界上主要的生物群系。

在赤道附近的是包含丰富的动植物的热带雨林生物群系。更靠近两极的是泰加林和冻原生物群系。地球上还有干旱的草原和沙漠生物群系，你最熟悉的可能是落叶林生物群系。

快速检测

总结 什么是生物群系？对图中展示的6个生物群系进行描述。

批判性思维 你生活在哪个生物群系中？对比图中的几种生物群系，回答问题。

读 图

在你身边能找到哪些生物群系？

线索 将图上的景色与你身边的环境进行比较。

冻原

落叶林

沙漠

什么是草原，什么是森林？

草原

顾名思义，草原（grassland）是一个以草为主要植物类型的生物群系。草原的降水量一般较少。

温带草原是一种气候温和的草原类型。在炎热干燥的夏天，草经常会燃烧。这种燃烧为草原提供了有利于耕种的肥沃土壤。例如，美国的大平原地区是温带草原。

稀树草原是有灌木和少量树木的草原。那里一年四季都很温暖。在非洲就有大片的稀树草原，那里的降水量比温带草原多，但是土壤就没有那么肥沃了。

落叶林

秋天的时候，你见过树上的叶子变色吗？如果有，那么你可能已经见过落叶林生物群系了。

地球上有许多不同种类的森林，森林里有各种各样的树木。**落叶林（deciduous forest）**里生长着每年都会落叶的树。常见的落叶林树木有橡树和枫树等。

落叶林地区通常是冬天寒冷、夏天温暖。林子里的树木有着宽大的叶片，阻隔了大部分阳光，使之无法照射到地面。当树叶落到地面后，它们很快就会腐烂，这使得落叶林中的土壤非常肥沃。地面上可能长满了鲜花、蕨类植物和小灌木丛。

草原

温度 冬天凉爽，夏天温暖或炎热
降水 适中
土壤 肥沃

落叶林

温度 冬天寒冷，夏天温暖
降水 终年有雨
土壤 肥沃

热带雨林

地球赤道附近分布着**热带雨林（tropical rain forest）**。这种生物群系炎热潮湿，雨量充沛。雨林的树木十分高大，枝叶稠密，以至于几乎没有光能照射到地面上。

森林的分层

大部分森林具有三个独特的层。**冠层**像一把巨伞一样覆盖了整个森林。最高的树最顶端的叶子获得了最多的阳光。

冠层的下面是**林下叶层**。稠密的树叶使这里极为潮湿，兰花之类的植物生长在树干上。

森林的最低一层是**地面表层**，几乎没有植物能在那里生长。

树上的兰花

读 图

这株兰花的根与普通植物的根有何不同？

线索 这株兰花生长在哪里？

热带雨林

变色龙

温度 终年温暖
降水 终年有雨
土壤 贫瘠

快速检测

总结 说出两种森林生物群系的名称并进行描述。

批判性思维 土壤为什么是草原和森林中一个重要的非生物因素？

沙漠

温度 变化极大
降水 极少
土壤 干旱稀薄

泰加林

温度 冬季寒冷，夏季温暖
降水 适中
土壤 贫瘠

什么是沙漠、泰加林和冻原？

沙漠

每块大陆都至少有一片沙漠。**沙漠（desert）**是一种降雨稀少、土地贫瘠的生物群系。世界上最大的沙漠是非洲的撒哈拉沙漠。

沙漠生物群系一般白天十分炎热，夜晚十分寒冷。白天，炙热的沙漠温度可达38°C以上，而到了晚上，温度会降到−4°C左右。

很少有生物可以生活在这样一个极端的环境中。沙漠中的植物（如仙人掌）能够在没有雨水的情况下长期生存。沙漠动物也具有这样的能力。

泰加林

世界上最大的生物群系是泰加林。**泰加林（taiga）**是北部高纬度地区一种寒冷的森林生物群系。事实上，“泰加”一词来自于俄语中的“森林”。

泰加林包含湖泊和池塘，它们在几千年前就已经形成。随后，冰川蔓延到了阿拉斯加、加拿大和欧洲部分地区的土地上。

在泰加林里，几乎到处都生长着冷杉和云杉等针叶树。这些树木提供了世界上大部分的木材。

泰加林的冬天漫长而寒冷。黑熊和其他哺乳动物用厚厚的皮毛来保暖。夏天，融雪会为动物提供充足的水源。

真相 并不是所有的沙漠中都很热，比如，戈壁沙漠的平均气温低于零度！

冻原

北美驯鹿

温度 冬季漫长而寒冷，夏季短暂而凉爽

降水 夏季有少许降雨

土壤 冰冻

冻原

冻原（tundra）是一个没有树木生长、寒冷干燥的生物群系。土地终年冰冻，冬季漫长而寒冷，夏季短暂而凉爽。冻原上的降水十分稀少。

冻原的植物紧贴着地面生长。它们具有可以从融化的雪中获取水分的浅根。冻原植物包括野花、苔藓和草。不同种类的地衣在岩石上生长。

冻原上的动物体型庞大。驯鹿和麝牛等哺乳动物具有脂肪层，这能帮助它们保暖。许多动物以冬眠的方式越冬。有些鸟类向南迁徙以寻找更温暖的地方。

迷你实验

生物群系的土壤

1. **观察** 仔细检查每个土壤样本。把你的观察结果记录在下面的表格中。

土壤样本	时间	含水量
样本1		
样本2		
样本3		

2. 取三个容器，分别标记为1、2、3。分别向对应容器中加入等量的土壤样本1、2、3。
3. 请你的搭档向其中一个容器中倒入120毫升清水。
4. **测量** 记录水渗到土壤里所需要的时间，同时记下渗透的水量。用另外两个容器重复实验。
5. **解释数据** 哪种土壤储水能力最强？这会怎样影响植物在不同生物群系中的生长？

快速检测

总结 描述泰加林、冻原和沙漠生物群系。

批判性思维 沙漠和冻原有哪些相似之处？

有没有水域生物群系?

在陆地上，生物群系按植物类型、气候和其他因素进行分类。而水域生态系统则是按照水体类型以及水域内的生物类型进行分类的，它们并不总是以生物群系作为分类单位。

淡水生态系统

在淡水生态系统中，水要么在陆地上流动，要么静止不动。溪水和河流都是流水，生活在其中的鱼类和其他生物有着适应水流的身体结构；湖泊和池塘里则是静水。

湿地和河口

湿地是一种一年中部分或全部时间都潮湿的生态系统。有些湿地是由淡水组成的，还有另外两种湿地是盐沼和红树林沼泽，这两者在河口都有分布。河口是在海洋生态系统和淡水生态系统交汇处产生的生态系统。

海洋生态系统

你可以把海洋当作是一个巨大的咸水生态系统。地球上有五个相互连通的海洋。科学家在研究海洋生态系统时，会考虑其深度和离岸距离。藻类是海洋中的主要生产者。藻类生活在有足够阳光的海面附近。

快速检测

总结 有哪些主要的水域生态系统?

批判性思维 河口里有咸水吗? 为什么?

鳄鱼生活在沼泽和其他湿地中。

课后回顾

摘要

陆地生态系统可按照生物群系进行划分，如草原、落叶林和热带雨林。

沙漠、泰加林和冻原生物群系生存条件恶劣。

水域生态系统包括河流、湖泊、湿地、河口以及海洋。

制作 折叠式学习卡

制作折叠式学习卡，来总结本课关于生物群系的内容。

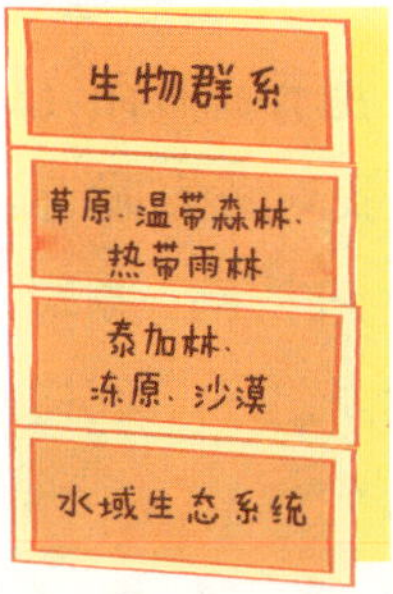

想一想，说一说，写一写

1. **词汇** ________生物群系中的土地终年冰冻。
2. **总结** 选择一个生物群系，就其特征写一个总结，要求包括对非生物因素和生物因素的描述。如果有需要，可以查阅相关参考资料。

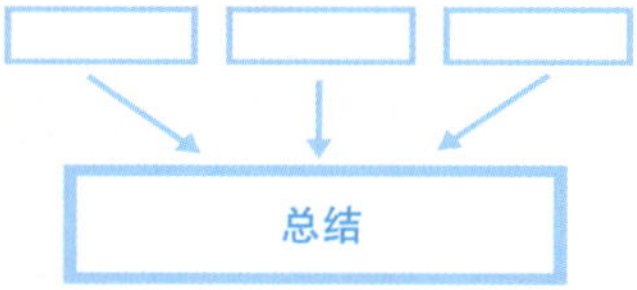

3. **批判性思维** 你有一颗来自热带雨林的种子，把它种在沙漠里。结果这种植物不生长，为什么？
4. **测试** 下列生物群系中有许多树木的是________。
   A 落叶林、热带雨林、沙漠
   B 热带雨林、落叶林、冻原、泰加林
   C 泰加林、落叶林、热带雨林
   D 泰加林、冻原、草原、沙漠
5. **基本问题** 如何比较生态系统？

写作链接

写一本手册

为你喜欢的生物群系写一本旅游手册，要有能说服人们去参观它的图片和文字描述。

社会链接

人类和生物群系

选择一个生物群系，研究人们如何在那里生活，例如，他们会住在什么样的房子里？会种什么农作物？

鹿眼蛱蝶

一封给博物馆的邮件

美国自然历史博物馆的科学家致力于保护世界各地被破坏的栖息地。他们从世界各地收集信息，以了解那里的环境。

美国自然历史博物馆　发送　取消

亲爱的科学家们：

我叫汤米，我住在佛罗里达州海岸，这里靠近一片红树林沼泽。

我妈妈是一位导游，平时向人们展示生活在红树林和周围湿地中的神奇生物。我给你们写信，是因为我对我家附近正在发生的事情深感忧虑。红树林是许多动物的家园，包括鹤、蝴蝶、蛇和螃蟹等。红树林中植物的根为鱼类和虾提供了栖身之所。红树林还保护海岸不受风浪和洪水的侵蚀。

最近，许多新的街区正在建设中，施工方为了建造商店、住宅、码头、机场和停车场而侵占了许多红树林。那些以红树林为家园的动物生存会遭遇威胁。快想想办法，让我们和红树林以及动物们和谐相处吧！

汤米

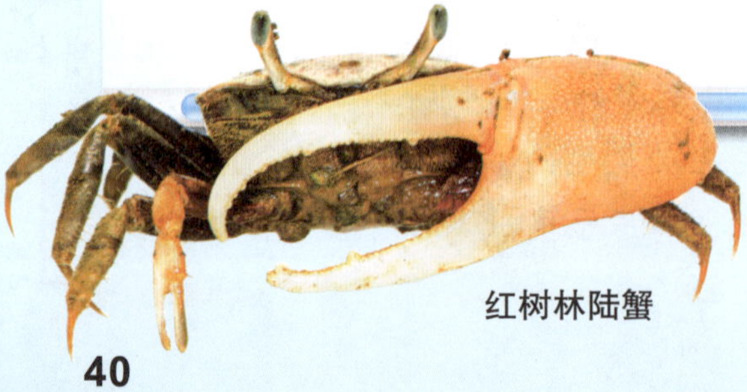

红树林陆蟹

许多不同的生物都生活在美国佛罗里达州的红树林里。

提示

“得出结论”应该包含以下两点：

- 展示你对某一个话题的了解；
- 利用文中的信息来支持你的结论。

写作

得出结论 如果人类继续施工，美国佛罗里达州红树林湿地中的动植物会遭遇什么？

第3课

生态系统中的关系

看一看，想一想

这只青蛙是捕食者，而这只飞蛾是被捕食者。这两种动物都需要能量来生存和成长，这些能量从何而来？

探究活动

生物消耗多少能量?

活动目的

模拟生态系统中的能量是如何从一个生物体传递到另一个生物体的。

活动步骤

1. 以四人小组的形式开展活动。制作“太阳”“植物”“食草动物”和“食肉动物”4个标签。
2. **测量**　裁一条1米长的牛皮纸条,这张纸条代表生物可以使用的能量。沿着纸条每10厘米做一个标记。
3. **建立模型**　每个学生拿一个标签,从“太阳”开始,把能量条传给“植物”。
4. “植物”从能量条上剪下10厘米。“植物”持有剩余90厘米,并把10厘米部分传给“食草动物”。
5. “食草动物”从能量条上剪下1厘米,并把这部分传给“食肉动物”。

得出结论

6. **推理**　你知道能量条在传递给下一个人之前,为什么会被剪掉一段吗?
7. **运用数字**　与植物相比,食肉动物可以获得多少能量?与食草动物相比呢?

进一步探究

如果植物不能制造出自己所需的有机物,那么可能会发生什么?设计一个实验来探究。

材　料

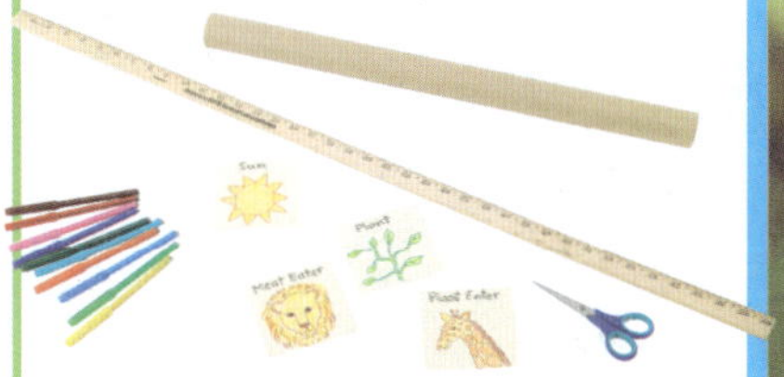

- 马克笔
- 标签纸
- 牛皮纸
- 米尺
- 剪刀

步骤 4

读一读，学一学

基本问题

生物如何获得能量?

词汇

生产者
消费者
分解者
食物链
食物网
竞争
能量金字塔

阅读技能

得出结论

线索	结论

生物是如何相互依赖的?

为了了解某个生态系统，科学家研究这个生态系统中生物体的相互关系及其作用。

生产者

生态系统中的每一个生物体都依赖生产者。生产者（producer）是可以利用简单的无机物合成有机物的自养生物。陆地上的生产者包括绿色植物，如草和树木。在湖泊和海洋中，主要的生产者是藻类。一些原生动物也是生产者。

生态系统中的成员

生产者利用无机物合成有机物。

消费者食用生产者。

分解者分解动物的尸体、排泄物和植物的枯枝败叶。

消费者

不能自己制造有机物而需要通过食用其他生物获得能量的生物被称为**消费者（consumer）**。鸟类、哺乳动物等都是消费者。

我们可以根据消费者的食物种类对它们进行分类。**食草动物**只吃生产者，大多数啮齿类动物都是食草动物，如兔子。

有些动物吃生产者和消费者。它们是**杂食动物**。负鼠、浣熊和熊都是杂食动物。**食肉动物**以食草动物和杂食动物为食，如鱼鹰、老虎、鲨鱼等。

分解者

一些生物分解动物的尸体、排泄物和植物的枯枝败叶。它们将这些物质转变成更简单的物质。这些生物是**分解者（decomposer）**。蠕虫、细菌、真菌和其他分解者通过这种方式获得能量。它们将分解物作为营养物质送回到生态系统中。换句话说，分解者是废物的回收者。

快速检测

得出结论 如果生产者消失了，会发生什么？

批判性思维 消费者能从太阳那里获得能量吗？请解释。

迷你实验

观察分解者

1. 将4份食物样品弄湿，分别放在一个密封塑料袋里。

2. 将袋子封好，把它们放在温暖、黑暗的地方。
   ⚠小心！ 密封后不要打开袋子。
3. **观察** 每天观察袋子里的变化，记录观察结果。
4. **交流** 食物是如何变化的？为什么会出现这种情况？

池塘食物链

读 图

食物在池塘中的流向是怎样的?

线索 食物链中的箭头指向下一个消费者。

什么是食物链?

每一个生物体都需要能量来生存或成长。生态系统中的能量来自太阳。

看一看这几页图片中的各种动物。它们都不能直接利用太阳的能量。来自太阳的能量储存在食物中。这种能量在**食物链(food chain)**中从一种生物传递到另一种生物。食物链中的能量从生产者转移到消费者。

池塘食物链

藻类和绿色植物是池塘食物链的第一级。藻类在光合作用的过程中吸收太阳能,它们将太阳能以有机物的形式储存在细胞中。

当食草动物(如蜉蝣)吃藻类时,会发生什么?蜉蝣利用其中的一些能量来移动、生长、进食和繁殖,将剩余的一些能量储存在自己的组织中。

食肉动物(如太阳鱼)可能会抓住蜉蝣,之后大蓝鹭可能会吃掉太阳鱼。正如你看到的,即使是大蓝鹭,也能获得一些沿着食物链传递的太阳能。

池塘中所有的动植物死后就被分解者分解。细菌和其他分解者将死亡的组织分解为其他生物可以利用的简单营养物质。

陆地食物链

陆地食物链通常从草、树或其他绿色植物开始。在右图的例子中，蓟是生产者，毛毛虫是吃蓟叶的食草动物，是初级消费者。而按顺序来说，螳螂、石龙子和猫头鹰分别是次级消费者、三级消费者、四级消费者。

自然界中的食物链可能比这个例子中的短。例如，一只石龙子可能吃毛毛虫而不是螳螂，它也可能会在被猫头鹰吃掉之前就死掉。

图中所示食物链中的分解者在哪里呢？分解者往往不会画在食物链示意图中，这是因为它们参与了食物链的每一步。

注意图中的箭头。箭头的方向很重要。食物链中的每一个箭头都是从被食用的生物出发的。箭头展示了能量流动的方向。

快速检测

得出结论 为什么“食物链”这一概念很好地描述了生物之间的关系？

批判性思维 你能想到的最长的食物链是什么？绘制食物链示意图并进行适当标注。

陆地食物链

什么是食物网?

食物链是一个能够很好地说明能量是怎样以食物的形式进行传递的模型。但是,它只显示了一条路径。而大多数生态系统都有交织在一起的许多不同的食物链。**食物网(food web)**可以显示生态系统中的所有食物链是如何连接在一起的。

捕食者和被捕食者

食物网呈现出了捕食者和被捕食者之间的关系。**捕食者**是指通过捕猎获取食物的食肉动物。它所捕猎的生物被称为**被捕食者**。在许多食物网中,某种生物既是捕食者,也是被捕食者。你可以在下图中看到一些这样的关系。

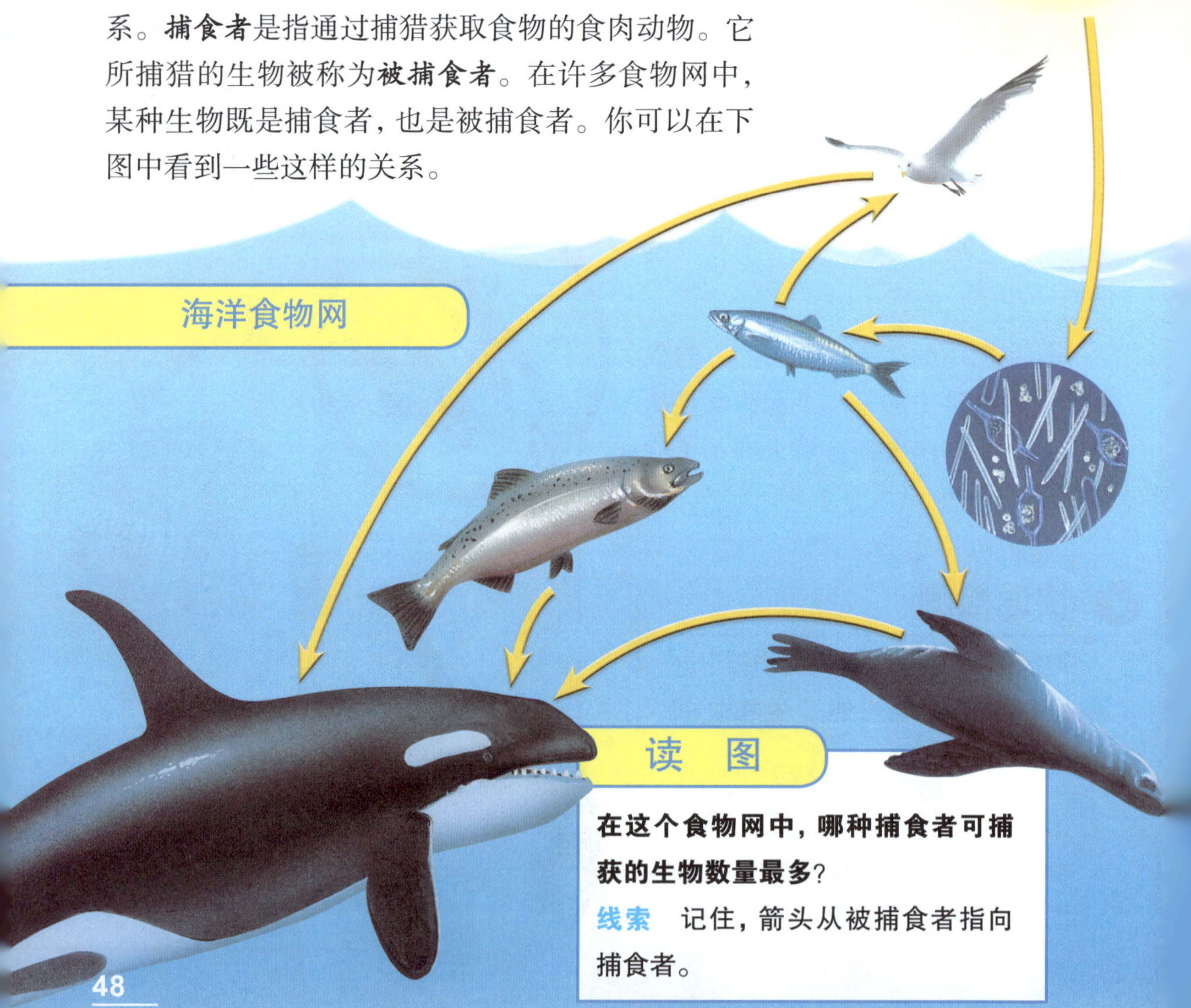

读 图

在这个食物网中,哪种捕食者可捕获的生物数量最多?

线索 记住,箭头从被捕食者指向捕食者。

竞争

食物网表明一种生物可以存在于一条以上的食物链中。当这种情况发生时，就会产生竞争。**竞争（competition）**是生物之间为食物、水和其他需求进行的斗争。

看右边这张陆地食物网，其中有不同的食草动物，如鹿、小鸟和老鼠。如果他们都以同种植物为食，会发生什么呢？这三个种群将会争夺食物。一个种群可能会获胜，其他种群最终将会死亡，除非这个种群发现另一种食物或转移到其他地方。

竞争不仅限于动物之间。在森林里，小型植物会与高大的树木争夺养分，植物之间也可能会争夺阳光。

种群中的个体也会相互竞争。你可能看到过公园里的松鼠争夺坚果。地球上所有的生物都可以被认为是一个巨大食物网中的一部分。

快速检测

得出结论　在海洋食物网中，哪些动物与虎鲸争食鱼类？

批判性思维　列出右边陆地食物网中四条不同的食物链。

什么是能量金字塔?

能量金字塔(energy pyramid)表示生态系统中的能量传递规律。生产者总是在金字塔的底部,或者说位于金字塔的塔基。生产者只利用阳光中的一小部分能量来制造有机物。植物的叶肉细胞会消耗它们制造的一些有机物,剩下的部分会存储在茎、叶和根部。

生产者的上一层是食草动物。食草动物必须大量进食才能维持生命,这是因为一株植物的能量只有大约10%的部分传递给了食草动物。

剩下的那部分能量去哪里了?有些是在动物分解植物组织的过程中以热量的形式耗损了。有些植物组织无法被分解,这部分植物组织只能作为废物被排出了。

杂食动物和食肉动物构成了金字塔再向上的层级。在每个层级中,消费者都损失了约90%的剩余能量。位于金字塔顶部的动物只得到最初能量的很小一部分。

快速检测

得出结论 为什么生态系统中的生产者比消费者多?

批判性思维 海洋食物链比陆地食物链中有更多的食肉动物。这是为什么?

能量金字塔

这个能量金字塔显示了食物链每一层级的能量总量。

真相 食肉动物获得的能量不如食草动物多。

课后回顾

摘要

在一个生态系统中，食物由生产者制造、被消费者食用、由分解者分解。

食物链和食物网显示出生态系统中生物之间的关系。

能量金字塔显示出生态系统中的能量总量。

制作 折叠式学习卡

制作折叠式学习卡，来总结本课关于生态系统中的各种关系的内容。

想一想，说一说，写一写

1 **词汇** 什么是杂食动物？举例子说明。

2 **得出结论** 科学家正在对一个生态系统进行调查。到目前为止，他们统计出的食肉动物比食草动物更多。调查完成了吗？为什么？

线索	结论

3 **批判性思维** 为什么食肉动物的牙齿通常比食草动物的更锋利？

4 **测试** 两条食物链可以结合形成一个________。

A 生态系统

B 食物网

C 能量金字塔

D 食物金字塔

5 **基本问题** 生物如何获取能量？

数学链接

计算出食肉动物的数量

某生态系统中的食草动物是食肉动物的 10 倍。如果一个生态系统中有 4250 个食草动物，那么会有多少食肉动物？

艺术链接

画一个食物网

调查你周围的生物。制作一张海报，展示每种生物以及连接它们的食物网。

科学写作

依赖树为生的飞蛾

提示

说明文写作应该注意：

- 用事实和细节支撑中心思想；
- 组织事实和细节来呈现因果关系；
- 基于呈现的信息得出结论。

莫哈维沙漠中的丝兰蛾可以传播丝兰花的花粉。丝兰蛾也做一些不同寻常的事情。当丝兰蛾落在丝兰树上的花上时，它会在花的子房上戳一个洞，然后把自己的卵产在花的子房里！丝兰蛾也会在花上留下花粉，这有助于植物的繁殖。

丝兰花

丝兰蛾的卵和丝兰树的种子同时生长，种子成了丝兰蛾后代的食物。这一切都发生在花里面！丝兰蛾幼虫得到了自己需要的食物，也能避免捕食者的攻击。丝兰蛾与丝兰树彼此依赖。

写作

说明文写作 研究另一种昆虫与植物彼此依赖的例子。根据你研究的事实和细节撰写报告。

科学中的数学问题

有多少帝王蝶？

每年冬天，有 1.8 亿～ 2.8 亿只帝王蝶从美国北部飞向墨西哥。墨西哥的气候比较温暖，帝王蝶能够在那里生存。马利筋是帝王蝶的主要食物。如今，人们正在马利筋生长的地方开展建设活动，帝王蝶很难找到足够的食物。食物链的这一变化意味着每年迁徙的帝王蝶会变少。它们的数量已经缩减了几百万。

数位

数位图可以帮助你理解较大数的值。

亿	千万	百万	十万	万	千	百	十	个
1	0	5	8	3	7	5	0	9

▲ 这个数读作一亿零五百八十三万七千五百零九。

实践

帝王蝶的平均种群数量是一百九十五万八千零三十三。将这一数字写在数位图中。

第1章 复习和测试

摘要

第 1 课 生态系统中的生物相互作用。生物的生存依赖非生物。

第 2 课 地球的陆地生态系统可以分为 6 个主要的生物群系。每一个生物群系都具有自身的特征。

第 3 课 能量在生态系统中从一个生物体传递给另一个生物体。

制作 折叠式学习卡

如下图所示，把本章每一课的折叠式学习卡组合在一起，来复习本章内容。

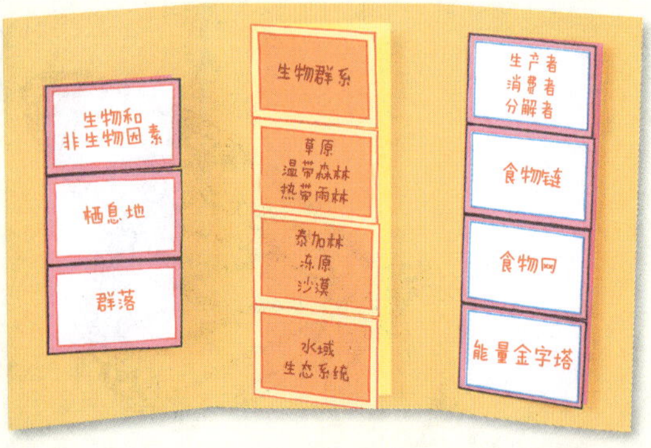

词汇 DOK 1

选择下列词语填空，每个词语限用一次。

生物群系	食物网
消费者	栖息地
分解者	种群
沙漠	生产者
生态系统	泰加林

1. 两条或两条以上相互交织的食物链形成了________。
2. 降雨量最少的生物群系是____________。
3. 不能自己制造有机物的生物被称为________。
4. 一种有着特有种类动植物的大型生态系统被称为________。
5. 生物居住的地方是它的________。
6. 利用无机物合成有机物的生物体是________。
7. 环境中的生物和非生物因素构成了一个完整的________。
8. 生活在某一生态系统中的同一物种的所有个体形成了一个________。
9. 将动物遗体及排泄物分解转化为简单无机物的生物被称为________。

科学技能和科学概念

DOK2～3

回答下列问题。

11. **事实和观点** 沙漠生物群系对生物来说是一个恶劣的生存空间。这是事实还是观点？简要说明。
12. **说明文写作** 说明非生物因素对生态系统的重要性，运用细节以支持你的观点。
13. **预测** 假设你在美国东北部露营，你希望在那里看到哪些种类的植物和动物？
14. **批判性思维** 假设一家公司开始在草原上盖房子，这一区域的食物链会面临什么情况？
15. **中心思想和论据** 说明食物链与食物网的区别。
16. **解释数据** 能量金字塔中哪些生物是消费者？哪些是生产者？
17. 豪猪吃植物的根和叶，豪猪是一种（　　）。

A 食草动物　　C 捕食者

B 杂食动物　　D 生产者

18. **判断正误** *能量金字塔显示了一个生态系统中的所有食物链。* 这个说法对吗？请解释你的判断依据。
19. **判断正误** *所有的沙漠都很热。* 这个说法对吗？请解释你的判断依据。

大概念

20. 植物和动物生活在哪里？它们是如何相互依赖的？

表现性评价

DOK 2

生物群系风铃

制作一串风铃，来展示6个生物群系。使用衣架、绳子、蜡笔或马克笔以及彩色美术纸作为材料。

1. 把一张美术纸裁成6份，在每一张小纸上写下一个生物群系的名称。
2. 对于每个生物群系，列出至少4种生活在那里的植物和动物。在纸的正反面对它们加以说明。
3. 将每一张小纸穿上绳子，把所有的绳子绑在衣架的底部。风铃做好了。

测 试

1 查看湖泊栖息地的图片。

其中非生物因素是（　　）。

DOK 1

A 龟　　B 草

C 岩石　　D 鸟

2 撒哈拉沙漠和冻原相似的特点是（　　）。

DOK 2

A 两地光照都很少

B 两地降水都很多

C 两地昼夜气温变化都很大

D 两地的动植物都必须在降水极少的情况下存活

3 在这个食物网中，最有可能与郊狼发生竞争的是（　　）。

DOK 1

A 蜥蜴　　B 响尾蛇

C 老鼠　　D 乌龟

4 食草动物获得能量的方式是通过（　　）。

DOK 2

A 食用植物　　B 食用动物

C 自给自足　　D 用捕食者

5 观察下图。

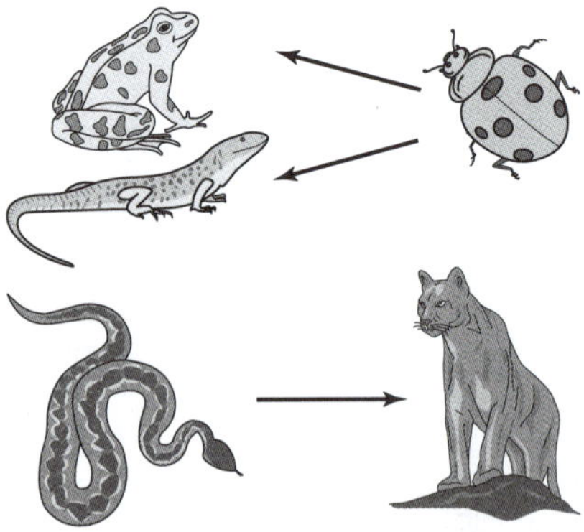

下列选项正确描述了能量流动方向的是（　　）。

DOK 1

A 从甲壳虫到青蛙

B 从青蛙到蜥蜴

C 从美洲狮到蛇

D 从美洲狮到青蛙

6 观察下列概念图。

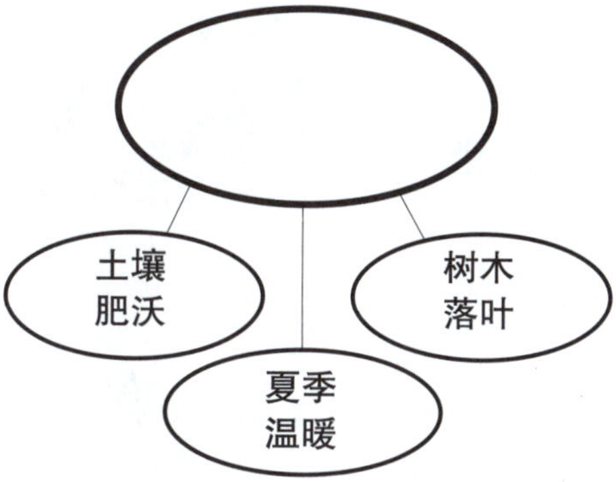

可以填入空白椭圆形处的生物群系是（　　）。

DOK 1

A 草原　　B 落叶林

C 冻原　　D 泰加林

7 观察下面的能量金字塔。

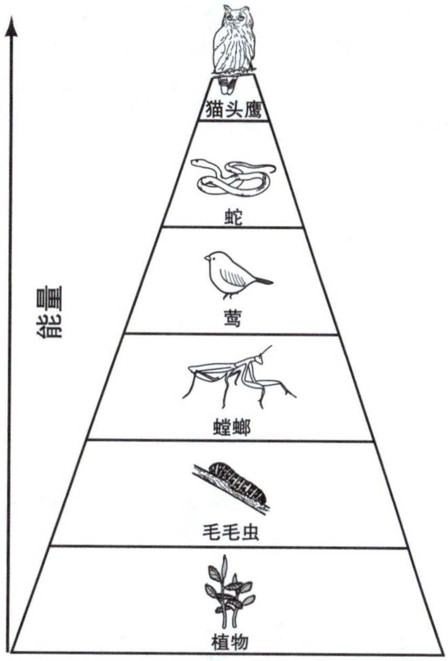

假如莺从这个生态系统中被移除，预测猫头鹰和螳螂的变化。说明你的预测依据。

DOK 2

检　查

问题	对应页码	问题	对应页码
1	24~25	5	46~47
2	36~37	6	32~38
3	48~49	7	24~25,44~50
4	44~48		

第2章

在生态系统中存活

大概念

当生活的环境改变时，生物会发生什么？

基本问题

第1课

动物如何在所处的环境中存活下来？

第2课

植物如何在所处的环境中存活下来？

第3课

环境的变化会如何影响生活在其中的生物？

核心词汇

适应 帮助生物在其所处环境中存活下来的身体特征或行为。

保护色 动物具有的一种适应现象，即体表颜色可以与它们生存的环境融为一体。

拟态 一种生物在颜色或形态上模仿另一种生物或非生物。

向性 植物对所处环境中某一刺激的定向运动反应。

调节 生物体对所处生态系统的改变做出的回应。

灭绝 某物种最后一个个体死亡后，这一物种就灭绝了。

第1课

动物的适应

看一看，想一想

热带雨林中的白顶蜂鸟以花蜜为食。如果蜂鸟没有这样长而窄的喙，它还能够存活下来吗？

探究活动

鸟喙的形状会影响它们的食性吗？

活动目的

探究鸟喙的形状会如何影响鸟类的食物种类。

活动步骤

① **预测** 材料中的前 4 种物品代表不同形状的鸟喙。哪种鸟喙夹起米粒最有效？夹泡沫条呢？喝水呢？记录你的预测。

② **实验** 尝试用每种喙夹取各种食物。在下面的表格中记录你的实验结果。

我的结果

喙	米粒	泡沫条	水	我的预测
勺子				
叉子				
吸管				
筷子				

得出结论

③ **推理** 你的预测正确吗？哪种喙最适合夹取小而坚硬的物体？夹取大的物体呢？夹取柔软的物体呢？请你简要说明。

进一步探究

动物的爪子会怎样影响它的食性？做出预测。你怎样检验你的想法呢？和同学一起尝试一下。

材料

- 勺子
- 叉子
- 吸管
- 筷子
- 米粒
- 泡沫条
- 一杯水

步骤 2

读一读，学一学

基本问题

动物如何在所处的环境中存活下来？

词汇

适应

冬眠

保护色

拟态

阅读技能

预测

我的预测	实际发生的

什么是适应？

每一个生态系统都存在一定的挑战，生物可以用一套适宜的特性来应对这些挑战。这些特性可以帮助它们满足自己的需求。

这些特性可能是身体特征。例如，鸟的喙就是一个身体特征。不同形状的喙适合吃不同种类的食物。蜂鸟的喙又长又窄，它从花朵里吸取花蜜；猫头鹰的喙又弯又尖，你认为它的作用是什么？

上述这些特性就是适应。适应（adaptation）是帮助生物在所处环境中***存活***下来的身体特征或行为。北极熊的皮毛有助于保暖；大象的鼻子能够卷起食物送到嘴里。

骆驼的驼峰可以储存脂肪以应对食物匮乏的情况。

动物的适应

北极狐

沙漠狐

读 图

哪种狐狸形成了更适宜在沙漠中生存的适应特征？为什么？

线索 仔细观察这两种动物的耳朵和皮毛。

沙漠中的适应

你已经了解到了沙漠是干燥的生物群系。沙漠动物具有保存水分的适应特征。

沙鸡是一种羽毛能够吸收水分的沙漠鸟类，因此它能够将水带给巢中的幼鸟。更格卢鼠是一种永远不需要饮水的哺乳动物，它能从食物中获得水分。

许多动物都有在炎热的沙漠中保持凉爽的适应特征。比如，耳廓狐有很大的耳朵用来散热，它的皮毛比生活在寒冷地区狐狸的皮毛薄。

骆驼具有适应沙漠生活的所有特征：它们可以关闭鼻孔以隔绝沙子；它们把脂肪存放在驼峰里，当食物不足时，这些脂肪能够提供能量；它们宽大的蹄子有利于在沙子上行走。

更格卢鼠从食用的种子里获得水分。▶

快速检测

预测 如果把一只沙漠动物转移到冻原，它可能会发生什么？

批判性思维 老鹰的爪子和长颈鹿的脖子有哪些相似之处？

还有哪些其他动物的适应?

生活在炎热环境中的动物需要保持凉爽，而生活在寒冷环境中的动物则需要保持温暖。根据所处的环境不同，你会发现动物不同的适应。

行为

有些动物对环境的适应是通过行为。美洲黑熊通过冬眠来躲避寒冷。当动物**冬眠（hibernate）**时，它靠身体内部的脂肪生存，消耗的能量很少。

有些动物在气温变化时迁徙，通过这种方式存活下来。季节变化时，许多鸟类从较冷的地方迁徙到较温暖的地方。动物**迁徙**是有周期性的。

睡鼠在它的巢穴里冬眠。

保护色

有些动物能与它们生存的环境融为一体，这种适应被称为**保护色（camouflage）**，这能帮助动物进行隐匿。北极狐和北极野兔随着季节的变化而变色。冬天它们的毛色与白雪相似，夏天它们的毛色变成棕色，与土壤相似。

动物的适应

读　图

哪些适应特征帮助这只雪豹在其所处环境中生存?

线索　将动物与其周围环境进行比较。

左边的食蚜蝇模拟了右边蜜蜂的形态。

拟态

仔细看上面的两只昆虫，右边是一只蜜蜂，蜜蜂用毒刺保护自己。另一只昆虫看起来像一只蜜蜂，但它其实是一只食蚜蝇，没有毒刺。

因为看起来像蜜蜂，所以食蚜蝇避免了食肉动物的捕食。食肉动物可能会吃普通昆虫，但不会吃蜜蜂。一种生物在颜色或态上模仿另一种生物或非生物，这种现象被称为**拟态（mimicry）**。

身体结构

动物的身体结构往往也存在对环境的适应。有些蛇和蜥蜴的嘴里有毒腺，它们的撕咬会伤害或杀死想要吃它们的捕食者。刺猬身上覆盖着硬刺，如果捕食者靠近，它们就会蜷缩成一个球。捕食者可不会想吃一个满身是刺的球！

迷你实验

拟态模型

1. **观察** 右图所示的是一条无毒的猩红王蛇，下图是一条有毒的珊瑚蛇。比较这两条蛇。
2. **建立模型** 用马克笔、黏土或其他材料来模拟这两条蛇。它们有什么相似之处？又有什么不同？
3. “红黄相间命没有，红黑相间是朋友”这样的说法为什么能够拯救一个人的生命？

快速检测

预测 你在热带雨林中能找到冬眠的动物吗？为什么？

批判性思维 为什么大多数有毒的动物没有保护色？

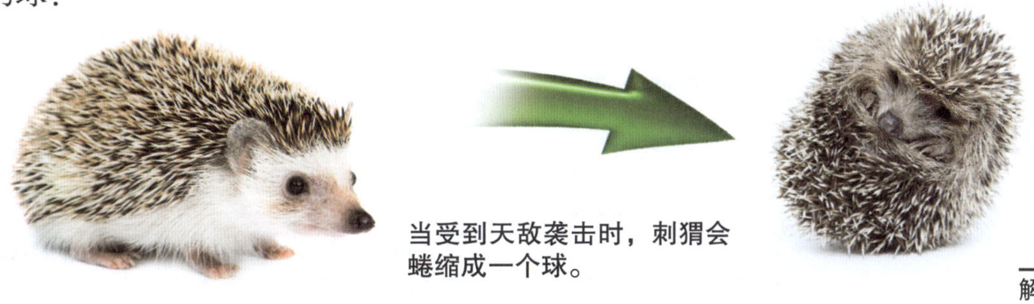

当受到天敌袭击时，刺猬会蜷缩成一个球。

图中的珊瑚鱼正在食用生长在海龟壳上的藻类。

动物还能怎样存活?

有些对环境的适应涉及生物之间的相互作用。这些相互作用包括有害和有益的方式。

寄生

跳蚤生活在哺乳动物的皮毛中,哺乳动物给跳蚤提供了住所,跳蚤会吸哺乳动物的血,它们还会在哺乳动物的皮毛深处产卵。

那么跳蚤会给哺乳动物带来什么呢?哺乳动物的皮肤将会变红、发痒,而且它如果抓挠,会导致皮疹和脱毛。在这种相互作用中,只有一种动物获益,另一种动物则受到了伤害。这种相互作用叫寄生。

共生

下面是两个共生的例子。

海龟的壳可能会被藻类覆盖。有些鱼会跟随海龟游泳,并食用龟壳上的藻类。鱼得到了食物,同时,海龟的壳得到了清洁。

埃及鸻是一种与尼罗河鳄鱼共生的鸟。当鳄鱼张开嘴时,埃及鸻会将它嘴里的寄生虫啄食干净。埃及鸻获得了一顿大餐,而鳄鱼的口腔得到了清洁!

快速检测

预测 上面讨论的动物中,哪种可以在没有另一种动物的情况下存活?

批判性思维 你还能想到哪些有害的相互作用的例子?

真相 一些生活在人体内的细菌对人体是有益的。

课后回顾

摘要

适应是帮助生物在其所处环境中存活下来的特性。

动物有许多对环境的适应，例如冬眠、迁徙、保护色和拟态。

生物之间的相互作用对其中一方的生存可能有益，也可能有害。

制作 **折叠式学习卡**

制作折叠式学习卡，来总结本课关于动物适应的内容。

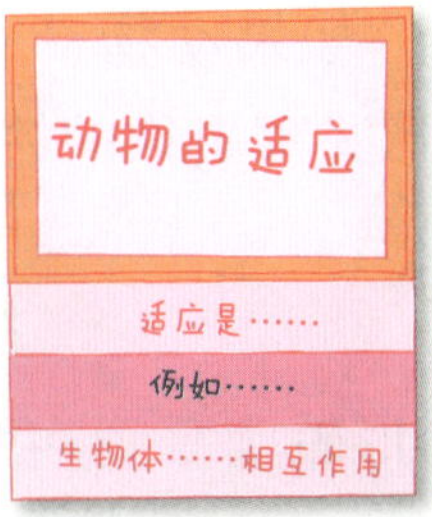

想一想，说一说，写一写

1. **词汇** 一种生物在颜色或形态上模仿另一种生物或非生物的现象被称为________。

2. **预测** 设想有人把一头北极熊转移到了雨林中，预测这头北极熊将如何在那里生存。

我的预测	实际发生的

3. **批判性思维** 选一种熟悉的动物，它生活在哪里？描述它对环境的适应。

4. **测试** 当动物与周围的环境融合时，它运用了________。
   A 冬眠　　B 保护色
   C 迁徙　　D 拟态

5. **测试** 在寒冷的冬天，一些哺乳动物靠________生存。
   A 保存水分　　B 冬眠
   C 脱毛　　D 抓跳蚤

6. **基本问题** 动物如何在所处的环境中存活下来？

写作链接

写一个故事

写一个故事，故事的主角要有能帮助它在所处环境中生存的适应能力。

社会链接

类似产品

企业如何利用拟态来销售产品？他们为什么要这么做？举几个例子。

聚焦技能

探究技能：做出假设

你已经了解了适应是怎样帮助动物在所处环境中存活的，观察一下右边这只蝾螈的表皮。它生活在美国南部的森林里，它的颜色和身上的图案为它提供了在森林中的保护色。科学家们研究保护色以了解更多有关适应的知识。他们用所学的知识来做出一个可以验证的假设。

▶ 学习

做出假设时，你会就你认为真实的事情做出陈述。好的假设要基于观察结果或收集到的资料。你的假设必须可以被验证，这一点十分重要。

▶ 尝试

就保护色如何影响捕食者寻找猎物的能力做出一个假设：这会需要更多的时间还是更少的时间？用“如果动物带有保护色，那么要想找到它所需的时间……”的形式写出你的答案。

材 料 透写纸，彩色铅笔或蜡笔，剪刀，秒表

1. 从这一课中选择一个小动物，将它的外形轮廓摹画在两张纸上。将轮廓小心地剪下。△ **小心！** 剪刀很锋利！
2. 给一个动物轮廓涂上相应的颜色，使之融入教室中某个显眼的地方。在右图所示的表格里记录它的特征。将另一张轮廓图放在一旁。
3. 预测其他人要花多长时间来注意到涂保护色的动物。不要把动物轮廓藏在任何物体下面或后面。

特征	
颜色	
形状	
大小	
图案	

4 制作如下的数据表。然后选择四个同学作为“捕食者”。当你放置猎物时，他们必须戴上眼罩或离开教室。

5 每次只测试一个“捕食者”。当你的同学摘下眼罩或回到教室时就开始计时。记录每个“捕食者”找到猎物所需的时间。

6 用未涂保护色的动物轮廓来进行实验，重复步骤 4 ～ 5。

7 比较这两组数据，它们与你的预测相符吗？你发现什么规律了吗？

定位猎物所需的时间

捕食者 1	
捕食者 2	
捕食者 3	
捕食者 4	

▶ 应用

判定你的结果是否支持你的假设。解释你的答案。

1 如果你的实验结果支持你的假设，那么选择一个不同的变量来检验。动物的形状会影响捕食者发现它的速度吗？做出一个假设，然后进行验证。记录和解释你的结果。

2 如果你的实验结果不支持你的假设，回头反思一下你的实验步骤。你的动物伪装得好吗？如果不好，请尝试更改其颜色或位置。反思一下你最初的假设，如果需要的话，可以做出一个新的假设，然后使用不同的方法重复调查。

第2课

植物与其周围的环境

看一看，想一想

你之前见过生长在空气里的树根吗？红树在被咸水覆盖、含氧量极低的土壤中茁壮成长。红树为什么需要这样的根？

探究活动

植物怎样对它们生活的环境做出反应?

材 料

- 卷尺
- 鞋盒
- 剪刀
- 纸板
- 尺子
- 胶带
- 植物

做出预测

植物的生长需要阳光。如果阳光被阻挡，植物会有什么反应？请你做出预测。

检验预测

1. ⚠ 小心！用剪刀在鞋盒一个侧面剪一个长方形口子。
2. **测量** 从纸板上剪两块隔板，使它们跟鞋盒一样高，但宽度比鞋盒宽度小 3 厘米。
3. 如图所示，把隔板立着插在鞋盒内，将第一块隔板粘在你步骤 1 中剪出开口的面的同侧，将另一块隔板粘在离这块隔板几厘米位置的另一侧。在正对开口的盒子另一侧放一棵植物。将鞋盒盖子盖上，使开口朝向阳光。
4. **观察** 每隔 3 ～ 4 天取下盖子给植物浇水，持续数周，并观察和测量其生长情况。把你的观测结果记录在数据表中。

步骤 3

得出结论

5. **解释数据** 植物发生了什么？为什么？
6. **推理** 植物是如何获得阳光的？这一实验怎样模拟生活在森林地面上的植物？

进一步探究

种子会在你做的盒子里发芽吗？设计实验来探究，用包在一张湿纸巾里的几颗青豆种子进行实验。

读一读，学一学

基本问题

植物如何在所处的环境中存活下来？

词汇

刺激

向性

阅读技能

问题和解决方案

问题 → 解决步骤 → 解决方案

植物如何对环境做出反应？

植物不能像大多数动物那样移动，但植物也可以对环境的变化做出反应。**刺激（stimulus）**是环境中能引起生物做出反应的事物。

刺激和应激性

植物对刺激会做出什么反应？它会改变自身生长的方向或规律。光、水和引力都是能刺激植物的因素。

植物对光的反应是茎朝着光源生长；植物对水的反应是根向着水源生长；大多数植物对引力的反应是根向下生长，与引力的方向相同，同时茎向上生长，与引力的方向相反。

向性实验

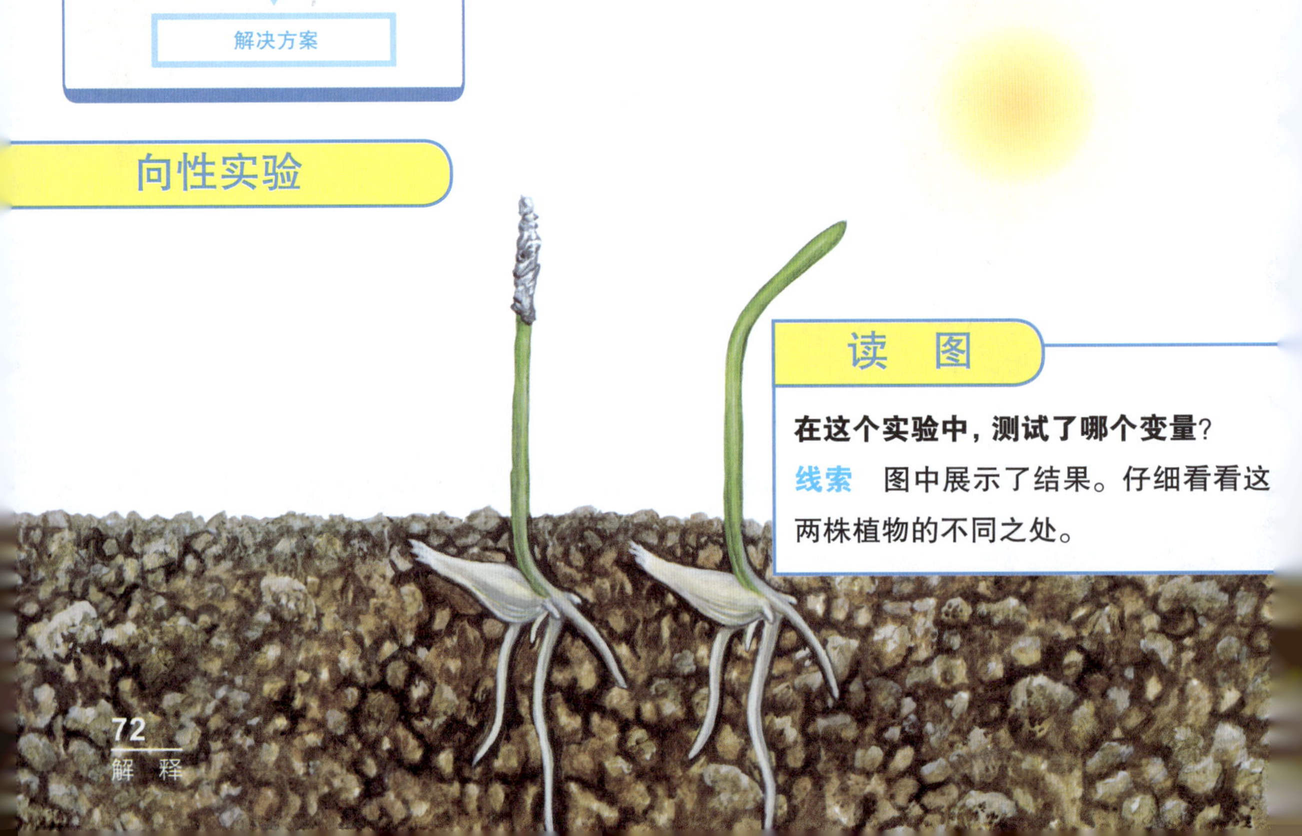

读 图

在这个实验中，测试了哪个变量？

线索　图中展示了结果。仔细看看这两株植物的不同之处。

像大多数植物一样，睡莲的茎向着阳光生长。

向性

向性（tropism）是指植物对其所处环境中某刺激的定向运动反应。植物对光、水和引力刺激的反应都是向性的。植物对化学物质和热刺激的反应也表现出向性。

是什么导致了植物的向性？英国科学家查尔斯·达尔文做了一个实验来探究。他取了两株正在生长的植物嫩枝，用锡纸包住了一株嫩枝的顶端，让另一株正常生长。

结果很明显：顶端用锡纸包着的嫩枝没有向光弯曲。达尔文的结论是，在嫩枝顶端有某种物质可以导致枝条弯曲。之后的实验表明，这种“物质”是所有植物都有的一种化学物质——生长素。植物利用生长素生长。

迷你实验

变干时间

1. 打湿两张纸巾。把一张纸巾卷成管状，另一张平铺在托盘上。
2. **测量** 把两张纸巾都放在阳光或灯光下，记录它们晾干的时间。
3. 看下面的枫叶和松针枝。哪张纸巾像枫叶？哪张像松针？

松针枝

枫叶

4. **推理** 哪个能得到更多的阳光，是枫叶还是松针？哪个更潮湿？这两种叶子是如何适应各自的环境的？

快速检测

问题和解决方案 如何测试植物对醋等化学物质的反应？

批判性思维 有人认为植物对音乐有反应。如何验证这个假设？

读 图

是什么适应特征帮助这些仙人掌在沙漠中生活的?

线索 将植物与其周围环境进行比较。

什么是植物的适应?

和动物一样，植物也能针对不同环境进行适应。正如骆驼和其他沙漠动物需要保存水分一样，沙漠植物也需要尽量保存水分。仙人掌就是一个很好的例子，它有像海绵一样吸水的软组织，还有一层厚厚的蜡质表皮来保证内部的水分不会散失。

温带森林中的植物有不同的适应特征。冬季寒冷的空气会损害树叶，于是，温带森林中的大多数树木会在冬季落叶，这样可以防止它们干枯。没有树叶，树就不能制造有机物。因此，树会消耗自身储存的有机物。到了春天，树长出新叶，并开始为明年冬天储存有机物。

百合花鲜艳的颜色是一种吸引传粉者的适应特征。

快速检测

问题和解决方案 如果让植物在各种不同的环境中生存，它可能会怎么样?

批判性思维 如果你把沙漠植物带到潮湿的温室里，会发生什么?

课后回顾

摘要

	植物通过改变自身的生长方式来对刺激做出反应。
	植物具有对光、水、引力、热量和化学物质的向性。
	植物具有能帮助它们在不同环境中生存的适应。

制作 **折叠式学习卡**

制作折叠式学习卡，来总结关于植物如何对其周围环境做出反应的内容。

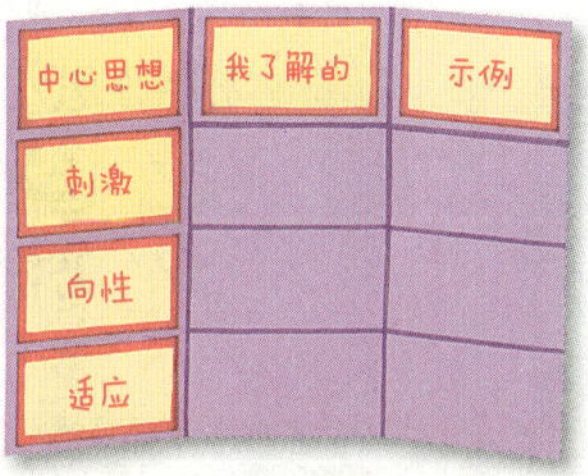

想一想，说一说，写一写

1 **词汇** 什么是刺激？

2 **问题和解决方案** 怎样才能证明植物对温度的变化也会做出反应？

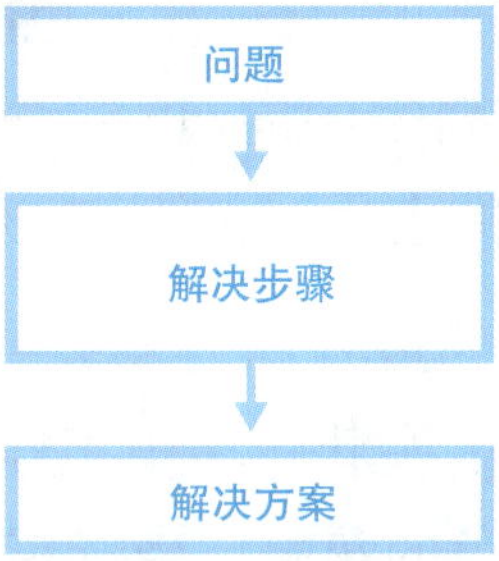

3 **批判性思维** 沙漠植物的适应与热带雨林植物的适应有何不同？

4 **测试** 下列词语描述了植物对其所处环境反应的是______。

A 热带　　B 向性

C 引力　　D 刺激

5 **基本问题** 植物如何在所处的环境中存活下来？

数学链接

解决问题

一株植物高 6 cm，它每天生长 0.5 cm。请问：一周以后植物多高？三周以后呢？

艺术链接

制作海报

借助课外阅读深入了解植物的适应，就你的发现制作一张海报。

阳光的原野

就在那儿，有一片金色的原野。成千上万棵高大的向日葵在盛放。它们就像列队的士兵，脸都朝向东方。

盛开的成片向日葵是一幅美丽的画面。它的头状花序由 1000 多朵小花组成。金色的花瓣环绕着花盘，看上去有点像舞者身上的芭蕾舞裙。

向日葵的茎又高又直，它支撑着花盘。含苞待放的向日葵跟随太阳转动。早上，花盘面向东方，傍晚它们转向西边。到了第二天早晨，花盘又会朝向东方。

提示

记叙文写作应该注意：

- 包含描述事物形态、声音、气味、味道或触感的细节；
- 使用描述性词语。

写作

记叙文写作 对另一种植物进行研究，写一篇关于这种植物对环境反应的描述。

早上，盛开的向日葵面朝东方。

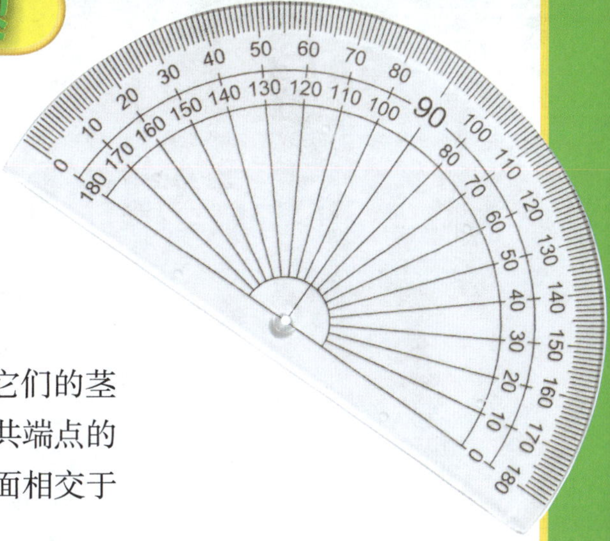

比较植物的夹角

植物朝着光源的方向生长，这使得它们的茎与地面形成了一个夹角。角是由交于公共端点的两条射线组成的图形。植物的茎就与地面相交于这样的一个端点。

实践

哪张图表示的是一个锐角？哪张图表示的是一个钝角？图中有直角吗？

角的分类

- 直角是在射线相交的位置形成的一个90度角。
- 钝角是比直角开口更大的角。
- 锐角是比直角开口更小的角。

第3课

生态系统的变化

看一看，想一想

一些幼苗正在干旱开裂的土地上生长。这里的土壤总是这么干旱吗？

探究活动

生态系统的变化如何影响生物？

做出预测

一段时间不下雨，生物会受到哪些影响？请你做出预测。

检验预测

1 取一张黄色卡片写上“老鹰”，取一张绿色卡片写上“蜥蜴”，取一张红色卡片写上“狐狸”。这些都是捕食者。在剩下的卡片上写上“猎物”。

2 三个人每人拿一张捕食者卡片。每种颜色取 10 张猎物卡混合在一起，叠放在桌上。把其他猎物卡放在一边。

3 **建立模型** 轮流抽取卡，只保留那些与你的捕食者卡颜色相同的卡，把其他的卡片放回这堆卡片底下。每三个回合后，在卡片组中添加一张新的猎物卡片，这模拟了群落的增长。十二个回合后，数一数剩下的卡片。

4 长时间不下雨，会有一半的猎物死亡。各取走每种颜色的 3 张猎物卡，再来一次。每六个回合后，向卡片组中添加 1 张猎物卡。十二个回合后，再次计数。

得出结论

5 **运用数字** 每局结束时，还剩几张卡片？

6 **推理** 步骤 3 中的模型代表什么？你的结果和你的预测相符吗？

进一步探究

如果捕食者减少，你的结果会改变吗？做出预测并进行检验。

材　料

- 18 张绿色卡片
- 18 张黄色卡片
- 18 张红色卡片

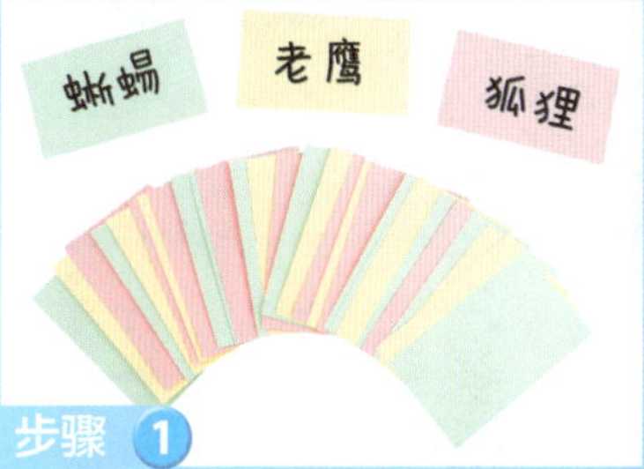

步骤 1

步骤 3

读一读，学一学

基本问题
环境的变化如何影响生活在其中的生物？

词汇
调节
濒危
灭绝

阅读技能
因果关系

原因	→	结果
	→	
	→	
	→	
	→	

什么导致生态系统发生变化？

生态系统时刻都在发生着变化，有些变化使生物很难继续生存下去。

自然灾害

在大多数生态系统中，变化是自然规律的一部分。火山能把山谷填满火山灰；飓风会破坏沿海湿地；大量降雨会导致山体滑坡，将山丘化为泥流；雨水太少会引起**干旱**，造成土地变干。

生态系统需要很长时间才能从这些变化中恢复过来。圣海伦斯火山是位于美国华盛顿州的一座火山。1980 年，圣海伦斯火山喷发，喷出的火山灰和熔岩毁掉了附近的植物，那里的生态系统过了许多年才恢复过来。

读　图

这两张照片展示了怎样的因果关系？

线索　阅读图中说明文字中的日期。

生态系统的自然变化

1980年圣海伦斯火山

1995年圣海伦斯火山

生物影响

生态系统也可以被一些生物改变，如蝗虫数量少的时候，并不会对生态系统构成威胁。但在某些地方，成群的蝗虫会聚集起来寻找食物。一个蝗虫群中的蝗虫数量可高达5000万只！蝗虫群会吃光沿途的所有植物，它们肆虐以后，整片土地都会寸草不生。

有些生物能对生态系统产生有益的影响。你见过湿地上的“鳄鱼洞”吗？短吻鳄用足、尾巴和鼻子搅动浑浊的河水，这些动作会挖出一个洞。慢慢地，洞里就充满了水。

鳄鱼洞能帮助短吻鳄在干旱时期生存。鳄鱼洞的好处还不止于此，其他动物会在它们自己的栖息地干旱时迁移到鳄鱼洞附近，它们可以在那里获取食物、水和住所。

数量巨大的蝗虫会严重损害农作物。

蝗虫

鳄鱼

鳄鱼洞可以帮助许多动物度过干旱时期。

快速检测

因果关系 受到飓风袭击的湿地可能会发生什么？

批判性思维 短吻鳄如何从鳄鱼洞中获益？

迷你实验

固着土壤

1. 取一个种有幼苗的花盆，在另一个同样大小的空花盆里装满土。

2. **测量** 把两个花盆里的土抖到一张大报纸上。记录把所有的泥土从每个盆里倒出来所需的时间。
3. 哪个花盆里的泥土倒出来所需的时间更长？是什么原因使它要花费更长的时间？
4. **推理** 植物如何帮助生态系统固着土壤？

人类如何改变生态系统？

像其他生物一样，人类也会改变周围的环境。有些改变是有益的，有些改变则会破坏生态系统。

乱砍滥伐

树木经常被用来建造房屋和制作家具。人们无节制地砍伐森林的行为叫作**乱砍滥伐**。这一行为破坏了许多森林栖息地，许多生物因此失去了家园和食物来源。

人口过剩

人都需要生活和工作的地方。人口越多，他们使用和消费的东西就会越多。因此，水和空间变得越来越宝贵。当一个地区有太多的人居住时，就叫作**人口过剩**。数量过剩的情况可能发生在任何物种身上，而不仅仅是人类。

工业生态系统

一艘正在沉入海底的船

沙地上的混凝土“礁球”

污染

汽车、轮船和火力发电厂会排放废气。这些气体混入空气会危害我们的呼吸系统。向空气、水或土壤中排放有害物质就是**污染**。污染物有时甚至可以杀死生态系统中的动植物。

从这条排水管道流出的绿色液体就是污染物。

保护

人类可能会给生态系统带来一些问题，但也可以给生态系统带来益处。人们驾驶汽车出行的次数越来越少，并开始使用混合动力汽车。人们也会处理废物以除去有害物质。

你也可以帮忙！你可以植树，可以循环利用纸张、玻璃和塑料，可以节约用水。你还能想到其他可以帮助生态系统的方法吗？

快速检测

因果关系　当森林被砍伐殆尽时，其中的动植物的种群会发生什么变化？

批判性思维　乱砍滥伐和人口过剩有什么关联？

读　图

人们用什么方法重建水下生态系统？

线索　看看这张照片中有什么东西掉进了水里。

一架正在沉没的飞机

▲ 城市建筑不是鸟类的自然生态系统。

当生态系统发生变化时，会引发什么？

一只鹿抬起头来嗅嗅空气，森林里充满了燃烧的烟火气味。火焰在森林里肆意纵横。为了生存的斗争开始了，动物将如何生存？

调节

当某个生态系统发生变化时，其中的一些生物会改变它们的行为和习惯。生物对所处生态系统的改变做出的回应称为**调节（accommodation）**。

火灾会切断森林动物的主要食物来源。有些动物，比如鹿，可以改变它们的饮食来进行调节。它们可能会开始吃树皮。

迁移

并非所有的动物都能适应生态系统的变化。有些动物必须找到新的栖息地，它们可能会迁徙到很远的地方。

事实上，自然火灾可以使森林生态系统受益。自然火灾使一些地方的森林变得稀疏，小的灌木取代了原来的树木，这为森林动物提供了新的食物来源。

旅鸽因被过度猎杀而于1914年灭绝。

塔斯马尼亚虎于1936年灭绝。

灭绝

有些生物不能适应生态系统的变化。如果一个生物体在生态系统变化后不能继续满足自身的需要，那么它就会死亡。有时整个物种都会这样慢慢消失。

同类个体所剩无几的生物处于**濒危（endangered）**状态，而一些濒危的动植物可能会灭绝。当某物种的最后一个个体死亡后，这一物种就**灭绝（extinct）**了。

种子蕨在数百万年前就已经灭绝了。

快速检测

因果关系 火灾发生后，生态系统中的动植物会发生什么变化？

批判性思维 为什么植物通常是第一批传播到新区域的生物体？

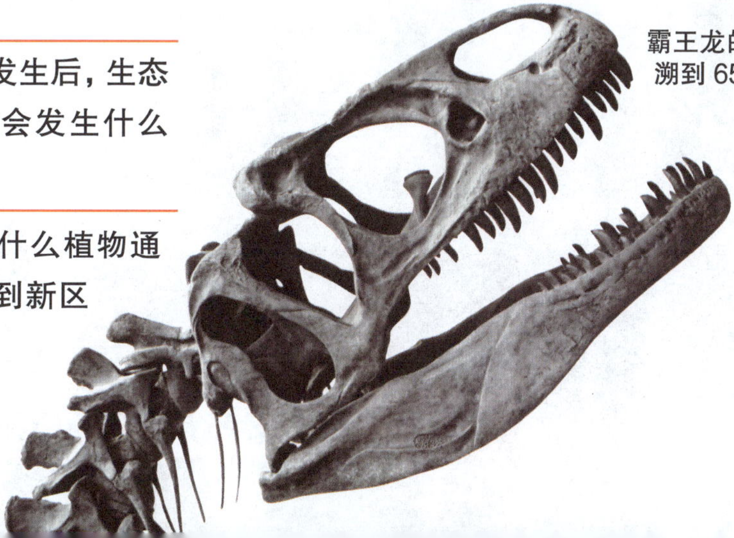

霸王龙的历史可以追溯到6500万年前。

人类如何避免生物灭绝？

一旦某种动物或植物灭绝，它就永远消失了。这到底是怎么发生的呢？有时候是因为人类的行为。当人们迁移到荒野时，他们会改造土地，比如盖房子、种庄稼。他们还捕猎，有时可能会带去新的物种，而那里原有的生物可能无法顺利适应这些变化。

曾经有大量的大熊猫生活在中国，它们以竹子为食。当人们开始砍伐竹林时，大熊猫找不到足够的食物。因而到了今天，大熊猫濒临灭绝。

科学家正试图寻找阻止大熊猫灭绝的方法。中国建立了一些自然保护区以供大熊猫生活。现在，大熊猫幼崽陆续出生在这些保护区里。

1970 年，褐鹈鹕濒临灭绝。而目前，在美国大西洋沿岸，这一物种的规模已经开始恢复。但在其他地方，它仍然濒临灭绝。

快速检测

因果关系 为什么生物会灭绝？当它们灭绝后，会发生什么？

批判性思维 如果科学家不帮助大熊猫养育幼崽，将会发生什么？

大熊猫是濒危物种。

真相 并不是所有濒危的物种最终都会灭绝。

课后回顾

摘要

生态系统的变化由自然事件、生物和人类活动造成。

当生态系统发生变化时，生物会迁徙、适应或灭绝。

人类可以帮助保护生物及其所处的生态系统。

制作 折叠式学习卡

制作折叠式学习卡，来总结本课关于生态系统中的变化的内容。

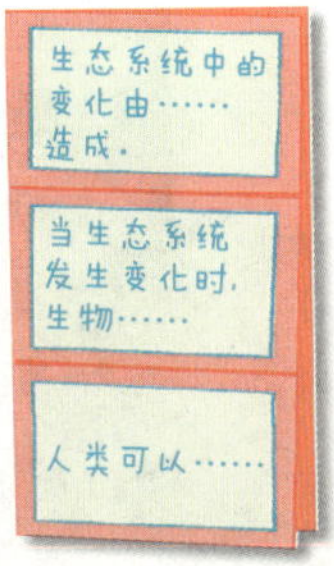

想一想，说一说，写一写

1. **词汇** 当一个物种最后一个个体死亡时，它就________了。
2. **因果关系** 当森林被砍伐以建造发电厂时，会发生什么？

原因	→	结果
	→	
	→	
	→	
	→	

3. **批判性思维** 今天，人类在全世界范围内运输商品。有时候他们也会运送一些动植物。这会对一个生态系统造成怎样的变化？
4. **测试** 下列选项中，能改变生态系统的自然事件是______。
   A 洪水、污染、乱砍滥伐
   B 地震、人口过剩、火灾
   C 飓风、洪水、滑坡
   D 耕种、循环利用、人口过剩
5. **基本问题** 环境的变化会如何影响生活在其中的生物？

写作链接

写一篇文章

写一篇鼓励人们保护自然环境的文章，并说明这能如何帮助保护动植物。

社会链接

做研究

了解你所在地区的濒危动植物，调查它们中有多少还幸存着。目前有哪些保护它们的举措？

灌木丛的变化

美国自然历史博物馆的科学家们从世界各地收集信息，这些信息可以帮助科学家了解当地环境。

亲爱的科学家们：

我叫克拉拉，住在美国加利福尼亚州南部的一个小镇上。我们镇周围的山上长满了常绿灌木。那里的土地非常干燥，所以树木很少。

去年夏天，我们这儿的雨水不多。8 月，一场雷暴在灌木丛中引发了一场火灾。当我在大火过后经过那片区域时，看到的只有灰烬和烧死的灌木。

AMERICAN MUSEUM OF NATURAL HISTORY

现在是4月了，上周我徒步穿过那片烧焦的灌木丛。一路上，我带着《野外指南》，这样我就可以随时查阅我看到的动植物。

这片灌木丛发生了很大的变化！到处都是盛开的野花。我在山坡上发现了猴面花和飞燕草。《野外指南》告诉我，这些花草的种子可以休眠好几年，它们需要火烧、热量或烟雾刺激才能发芽。野花吸引了蜜蜂等昆虫，一些鸟和其他动物也回来了！我看到了棕曲嘴鹪鹩和黑尾长耳大野兔。《野外指南》告诉我，低矮的灌木丛为这些长耳大野兔提供了庇护所，也为棕曲嘴鹪鹩提供了筑巢的地方。我迫不及待地想知道灌木丛以后会发生什么变化！

你的朋友
克拉拉

提示

如何做出预测？

- 想一想你对某个主题有什么了解。
- 用你现有的知识来推理可能会发生什么。

写作

预测 再读一遍这封信，预测明年这片灌木丛会是什么样子。如果发生干旱，环境会发生什么变化？以短文的形式写下你的预测。

第2章 复习和测试

摘要

第 1 课 动物有帮助自身在所处环境中存活下来的适应特征。

第 2 课 植物能适应环境，还能对所处的环境做出反应。

第 3 课 当一个生态系统发生变化时，一些生物能够存活下来，一些生物不能存活下来。

制作 折叠式学习卡

如下图所示，把本章每一课的折叠式学习卡组合在一起，来复习本章内容。

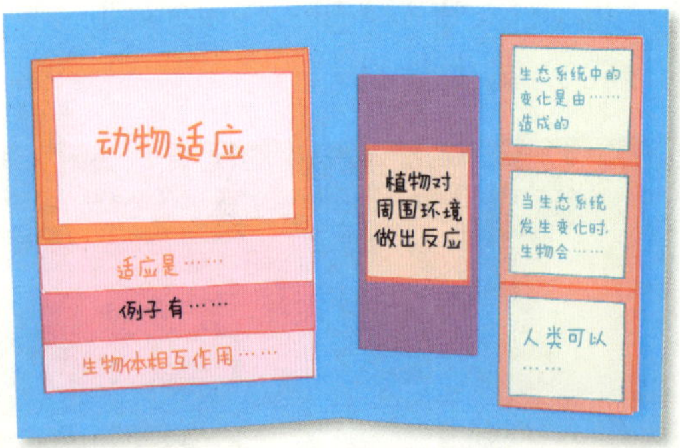

词 汇

DOK 1

选择下列词语填空，每个词语限用一次。

调节	冬眠
适应	迁徙
保护色	拟态
濒危	刺激
灭绝	向性

1. 帮助生物在环境中存活下来的特征或行为是________。
2. 当一个物种的所有个体都死亡了，这个物种也就________了。
3. 为了度过寒冷的冬天，一些动物会________。
4. 能与周围环境融为一体的动物使用了________。
5. 环境中能引起生物体反应的物质叫作________。
6. 当一个物种具有与其他物种相似的特征时，它使用了________。
7. 植物对光、水或引力的反应是________。
8. 个体对其生态系统变化的反应称为________。
9. 当动物在周期性地改变它们的位置时，它们在进行________。
10. 当某一生物的同类所剩无几时，它就是________的物种。

科学技能和科学概念

DOK 2~3

回答下列问题。

11. **预测** 假设你们班同学分别在温室内和温室外种植了郁金香球茎。所有的郁金香都会同时开放吗？为什么？
12. **提出假设** 当栖息地环境改变时，其中的物种可能会濒临灭绝。选择一个动物物种进行研究。提出一个关于“如果该物种灭绝，生态系统会发生什么”的假设。
13. **批判性思维** 假设科学家在沙漠中发现了一个新的动物物种。这种动物可能有什么适应性特征？
14. **描述性写作** 描述人类改变生态系统的三种方式。
15. **批判性思维** 比较保护色和拟态是怎样保护动物的，请举例回答。
16. **判断正误** *向性是一种适应。*这种说法是对还是错？请简要说明。
17. **判断正误** *许多鸟类通过冬眠来过冬。*这种说法是对还是错？请简要说明。
18. **判断正误** *环境中的变化总是对生物有害。*这种说法是对还是错？请简要说明。
19. 一个物种中只有少数个体存活时，这个物种是（　　）。

    A 伪装的状态　　B 冬眠的状态

    C 灭绝的状态　　D 濒危的状态

大概念

20. 当生活环境改变时，生物会发生什么？

表现性评价

DOK 2

制作卡片

1. 从你在本章中学到的适应现象中选择5种，利用可获得的资源，针对每一种适应现象找出一种不同的动物或植物。
2. 做一个纸牌匹配游戏。将你找到的五种生物分别画在5张不同的卡片上，在另外5张卡片上分别描述这5种生物的适应特征。和同伴交换卡片，观察同伴的卡片，将每种生物与其具有的适应性特征相匹配。

分析结果

和你的同伴一起回顾这些生物，写下这些生物具有的其他适应特征。你注意到哪些相似点和不同点？

测 试

1 这棵树具有能帮助它在所处环境中存活的适应特征。

下列是这棵树的适应特征的是（　　）。

DOK 1

A 长出新叶以节约能量

B 保留叶子以节约能量

C 储存食物以备冬天消耗

D 储存水分以备夏天消耗

2 观察下图。

狗的这一行为最有可能帮助它（　　）。

DOK 2

A 去掉毛发

B 去除跳蚤

C 摆脱瘙痒

D 去除多余的皮肤

3 下图显示的是大火后的森林。

大火对森林动物的影响是（　　）。

DOK 1

A 改变了它们的栖息地

B 增加了它们的数量

C 扩大了它们的栖息地

D 增加了它们的食物来源

4 数据表显示了四个不同物种的蜗牛种群。

蜗牛种群规模			
	1990年	2000年	2010年
物种1	2000	2500	2300
物种2	2000	300	1200
物种3	2000	2700	3400
物种4	2000	700	200

最有可能灭绝的是（　　）

DOK 1

A 物种1　　B 物种2

C 物种3　　D 物种4

5 动物对环境适应的最佳示例是（　　）。

DOK 2

A 沙漠狐的大耳朵
B 草原鼠白色的皮毛
C 食肉动物扁平的牙齿
D 食草动物尖锐的牙齿

6 一项保护濒危物种的法律通过了，这项法律能（　　）。

DOK 1

A 使生物灭绝
B 使生物濒危
C 防止生物灭绝
D 保护生物栖息地

7 观察下图所示的这只蝴蝶。

下列结构帮助它在所处环境中存活的是（　　）。

DOK 1

A 骨头　　B 肺
C 牙齿　　D 翅膀

8 这头熊整个冬天都在睡觉。

这种季节性的适应称为冬眠。说明冬眠如何帮助这头熊存活。

DOK 1

举例说明动物适应季节变化的另一种方式。

DOK 2

9 什么是向性？举一个例子。

DOK 1

10 说明你在问题9中描述的向性是如何帮助生物体在其所处环境中存活的。

DOK 2

检　查

问题	对应页码	问题	对应页码
1	62，74	6	85~86
2	62~66	7	62~65
3	80~85	8	64~65
4	85	9	72~73
5	62~63	10	72~73

自然摄影师

想象你正身处森林深处或海水中，周围没有其他人。此时，你想用镜头捕捉一个特殊的时刻。

要成为一名自然摄影师，你不仅需要学习艺术和摄影课程，还应该热衷于户外活动。

自然摄影师需要耐心，一次拍摄可能需要几天甚至几周的时间。你可能会面临恶劣的环境，如成群的昆虫或冰冷的雨水，但当你最终拍摄到一张完美的照片时，一切都是值得的！

▲ 自然摄影师必须了解生物及其栖息地。

林务员

你喜欢户外吗？那你可以考虑从事林务员的工作。林务员负责管理森林或荒野地区。他们的工作是帮助保护土地并充分利用它。

要成为一名林务员，你需要学习生物学的相关知识。你的知识储备将帮助你判断土地是否适合远足、露营或打猎。你还要学会如何照料幼苗。或许你还可以用你所学的知识教别人如何爱护环境。

▲ 林务员教人们关于森林生态系统的知识。

《科学启蒙（第二版）》版权声明

科学启蒙（第二版）生态系统 ④

McGraw-Hill Education
Science A Closer Look
Ecosystems
978-0-02-135617-1

浙江省版权局著作权合同登记号：11-2018-537

图书在版编目（CIP）数据

科学启蒙：第二版. 生态系统. ④ /（美）杰伊·哈克特等著；张俊等译. -- 杭州：浙江教育出版社, 2020.3（2021.4 重印）
ISBN 978-7-5536-9955-4

Ⅰ. ①科… Ⅱ. ①杰… ②张… Ⅲ. ①科学知识—少年读物②生态系—少年读物 Ⅳ. ①Z228.1②Q147-49

中国版本图书馆CIP数据核字(2020)第024576号

科学启蒙（第二版）
KEXUE QIMENG (DI ER BAN)
生态系统④
SHENGTAI XITONG 4

出版发行　浙江教育出版社（杭州市天目山路40号　电话：0571-85170300-80928）
原 著 名　SCIENCE A CLOSER LOOK
　　　　　ECOSYSTEMS
翻　　译　张　俊　邓小耶　应宇峰
审　　定　郝京华
图片来源　海洛创意
责任编辑　赵英梅
封面设计　韩　波
责任校对　徐荆舒
责任印务　沈久凌

图文制作　杭州兴邦电子印务有限公司
印　　刷　杭州富春印务有限公司
开　　本　787mm×960mm　1/16
印　　张　6.75
字　　数　135 000
版　　次　2020年3月第1版
印　　次　2021年4月第3次印刷
标准书号　ISBN 978-7-5536-9955-4
定　　价　25.00元